Herr Pfeffer
Komm, wir machen was mit Stadt

Herr Pfeffer

Komm, wir machen was mit Stadt

Ein kreatives Spiel- und Bastelbuch

Bisher von Herr Pfeffer im Loewe Verlag erschienen:

Komm, wir machen was mit Wald
Komm, wir machen was mit Stadt

ISBN 978-3-7855-8277-0
1. Auflage 2016
© Loewe Verlag GmbH, Bindlach 2016
Umschlag-, Innenillustrationen und Fotos: Herr Pfeffer
Umschlaggestaltung: Franziska Trotzer
Redaktion: Ruth Nikolay
Printed in Germany

www.loewe-verlag.de
www.naturkind.org

INHALT

Vorwort 10
Die kleinen Stadtfreunde 12
Tipps 14
Lager anlegen 16

Mein Zimmer ist in meiner Stadt
Helfende Häuser 20
Magnetwolkenhimmel 22
Stau-Girlande 24
Bilderrahmen 26
Kuschelhaus 28
Straßen-Druckerei 30
Spielstraßen-Teppich 32
Katzen-Türstopper 34
Teelichthäuser 36
Hunde-Kissen 38
Skyline von Pappstadt 40
Hunde-Girlande 42
Betonzettelhalter 44
Türschild 46

Meine Stadt findet draußen statt
Blumenbomben 50
Gartenzaun 52
Stecktiere 54
Pflanzen nachziehen 56

Die grünen Kerle 58
Flaschenköpfe 60
Minigarten 62

Mit meiner Stadt spiele ich am liebsten
Safthäuser 66
Schiebeauto 69
Ich habe die längste Straße 70
Dächer-Spiel 72
Wer wohnt wo? 74
Müllangel-Spiel 76
Wirf die Katze von der Mauer ... 78
Die Stadtgärtnerei 80
Stadtbox 82
Hochhaus-Stapeln 86
Bauklotzstadt 88
Autogarage to go 90

Meine Stadt muss gefeiert werden
Einladungen 96
Getränkebecher mit Hütchen 98
Tischdekoration 100
Gastgeschenk-Überraschungshaus ... 102
Gänseblümchensalat 104
Lasterkuchen 106

Vorlagen 110
Autoreninfo 125

Dann kannst du ja jetzt in der Stadt eine schöne und lustige Zeit haben!

Und weil du deine Stadt magst und dich dort wohlfühlen willst, möchtest du bestimmt keinen zusätzlichen Müll produzieren, sondern lieber mit Fundsachen und Dingen aus dem Haushalt arbeiten, die sonst weggeworfen würden.

Wie viel Zeit hast du denn mitgebracht? Egal ob du nur eine halbe Stunde werkeln kannst oder dir richtig viel vorgenommen hast: Auf den Bastelseiten findest du Hinweise, wie lange die einzelnen Projekte dauern und wie schwierig sie sind.

Bei all den Basteleien stehen dir die kleinen Stadtfreunde wie Igel, Katze und Maus zur Seite und geben hilfreiche Tipps, damit dir alles gut gelingt. Der kleine und der große Waschbär sagen dir außerdem, was du alleine machen kannst und was du am allerbesten mit einem großen Freund zusammen bastelst.

Natürlich kannst du mit deinen Kunstwerken auch ganz viel spielen. Dafür gibt es im Buch sogar ein ganzes Kapitel!

Hast du gern ganz viele Freunde zu Besuch? Dann werden dir am Ende des Buchs zahlreiche Ideen und Rezepte für ein tolles Straßenfest verraten.

Und beim Durchblättern kommen dir sicher noch viele weitere Ideen – lass deiner Kreativität freien Lauf! Also, los geht´s! Komm, wir machen was mit Stadt!

DIE KLEINEN STADTFREUNDE

DER IDEEN-MARIENKÄFER
Der Ideen-Marienkäfer schlägt dir vor, auf welche Weise du das Gebastelte auch noch verwenden kannst.

DER MATERIAL-IGEL
Der kleine Igel sagt dir jedes Mal ganz genau, was du für das Projekt benötigst.

GROSSER UND KLEINER WASCHBÄR
Dieses Symbol macht dir deutlich, dass du das Projekt am besten gemeinsam mit einem älteren Bastel-Partner machst. Die Farben zeigen dir, welche Aufgabe du übernimmst und welche dein großer Freund. Grün sagt dir: Das schaffst du selbst. Die blaue Schrift bedeutet: Lass dir hier helfen.

DIE SCHNELLE KATZE
Die Katze ist schnell wie der Wind und zeigt dir oft eine zeitsparendere Variante.

DAS SCHLAUE EICHHÖRNCHEN

Das schlaue Eichhörnchen gibt dir Tipps, wie du mit den Materialien am besten umgehst oder wie es noch besser klappt.

DIE SPIELENDEN WASCHBÄREN

Die zwei spielenden Waschbären signalisieren dir, wenn du mit dem Gebastelten auch spielen kannst und am besten gemeinsam mit deinen Mitspielern die Spiel-Utensilien bastelst.

DIE LAGER-MAUS

Die kleine Maus versteckt in ihrem Mäuseloch die wundersamsten Sachen. Und wenn du nicht weißt, woher du bestimmte Materialien bekommst, dann verrät sie dir das gern.

HIER EIN PAAR TIPPS, WIE DU EINFACHER ARBEITEN KANNST:

BEMALEN

Zum Bemalen von Objekten werden häufig Acrylfarben (als Stift oder zum Bepinseln) verwendet, weil sie gut decken und sich leicht von Händen und Kleidung entfernen lassen. Aber nicht immer muss gleich Acrylfarbe zum deckenden Bemalen gewählt werden. Der Name Deckweiß sagt es schon: Mit Deckweiß funktionieren auch Wasserfarben gut auf Papier und Pappe. Sind gar keine Farben zur Hand, kannst du oft auch auf buntes Papierklebeband oder farbigen Tonkarton ausweichen.
Auf Metall haften dagegen nur Lacke, hier hast du die Auswahl zwischen Acryl-, Plaka- oder Sprühlack. Generell gibt es all diese Farben und Lacke in völlig unschädlicher Form. Und wenn deine Acrylstifte nicht mehr malen, kannst du sie sogar wiederbefüllen.

KLEBEN

Wenn nicht anders beschrieben, wird in den Anleitungen mit Holzleim gearbeitet. Er enthält keine Lösungsmittel und lässt sich super mit Wasser entfernen. Je nach Bastelprojekt bleibt der Kleber im dicken Zustand oder wird mit etwas Wasser verdünnt.

Wenn mit flüssigem Kleber gearbeitet wird, entstehen nicht selten unschöne Kleberflecken, weil die Pappen verrutscht sind oder nicht lange genug fest zusammengedrückt wurden. Flüssigkleber hält am besten, wenn du ihn kurz antrocknen lässt und erst dann die zu klebenden Teile zusammenfügst.

Ist besonders fester oder schneller Halt wichtig, wird Heißkleber verwendet. Hier musst du dir unbedingt vom großen Waschbär helfen lassen, denn der Kleber wird sehr heiß.

NÄHEN

Jetzt wird's stoffig! In den folgenden Kapiteln zeigen dir diese Symbole, welche Bastelei

- mit der Hand ,
- mit der Nähmaschine oder
- mit Stoffkleber

angefertigt werden kann. Entscheidest du dich für das Kleben, ist umweltfreundlicher Stoffkleber zu empfehlen: Er enthält Naturlatex und ist frei von jeglichen Weichmachern. Wichtig ist hier, dass du den Stoff mit einer Zickzackschere ausschneidest, damit sich nicht zu viele Fädchen lösen.

Generell gilt bei der Arbeit mit Stoff: Stoffstücke immer erst mit Stecknadeln zusammenstecken, bevor du sie festnähst! Und wenn du dich dann ans Nähen machst: Ein Zickzackstich eignet sich für aufgenähte Verzierungen. Bei Stoffstücken, die du anschließend wendest, reicht ein gerader Stich.

Bist du mit einer Naht fertig, muss der Faden vernäht werden. Mit der Nähmaschine nähst du einfach ein paar Stiche rück-, dann wieder vorwärts. Nähst du mit der Hand, verknotest du die beiden Fadenenden und ziehst sie dann mit der Nadel in das Innere deiner Näharbeit.

MACH MAL WAS IN GROSS

Viele Bastelanleitungen sehen vergrößert noch beeindruckender aus. Wie wäre statt eines kleinen Stoff-Hündchens (Seite 38/39) ein riesiger Kuschelhund? Oder statt einer Pappstadt fürs Regal (Seite 40/41) eine große Pappstadt als Wandkulisse? Versuche es doch mal und kopiere die Vorlagen doppelt oder dreimal so groß!

LAGER ANLEGEN

Was hältst du davon, dir ein eigenes Bastel-Lager anzulegen? So hast du immer genug Vorrat für witzige Bastelnachmittage. Schau mal, was du alles sammeln und aufheben kannst:

DOSEN UND KONSERVEN

Metall- und alte Konservendosen, die gut ausgespült und abgetrocknet wurden, bieten eine Vielzahl an Möglichkeiten für kreative Ideen. Aber Vorsicht: Für ganz kleine Waschbären sind die Ränder zu scharf. Diese sollten gleich vom großen Waschbären mit Gewebeband umklebt werden, dann kann auch nichts passieren.

NATÜRLICH AUS DEM EINMACHGLAS

Einmachgläser aller Größen sind super geeignet, um darin Korken, Schnüre, Erde und Holzstückchen zu sammeln. Steine und Blumensamen finden hier ebenso Platz wie kleiner Krimskrams. Noch schöner sieht es aus, wenn du die Gläser je nach Inhalt beschriftest.

SAFTKARTONS UND KISTENSTAPEL

Pappkartons und alte Schuhkartons braucht man eigentlich immer, egal ob du darin Sachen verstaust oder aus ihnen etwas baust. Gut ausgespülte Saftkartons können ebenfalls bei vielen Gelegenheiten Verwendung finden. Durch die wasserdichte Innenwand sind sie extrem langlebig und stabil.

NEUES AUS ALTPAPIER

Klopapierrollen und gepresste Blätter, Zeitungsschnipsel und Fotos, Geschenkpapiere und Tapetenreste: Das alles kann eine einfache Bastelei so schnell zum Hingucker machen, dass es sich lohnt, eine kleine Sammlung davon zu Hause zu haben. In ein langweiliges dickes Buch gelegt bleiben die Schnipsel auch schön knitterfrei.

KLEBEREI UND MALEREI AUS KLEINEN FLASCHEN

Fertig angemischte Farbe und Farbreste können sehr gut in kleinen ausgespülten Plastikflaschen und Marmeladengläsern aufgehoben werden. So lassen sich die Farben auch gut mischen: Zusatzfarbe rein, gut verschrauben, schütteln – fertig. Mit Wasser verdünnter Holzleim ist auch ein guter Bastelkleber und hält sich ebenfalls prima in Fläschchen.

... ist in meiner Stadt

Natürlich bist du am liebsten draußen in der Stadt, aber nicht immer hast du genug Zeit dafür und manchmal muss der Himmel auch die Blumen und Bäume gießen. Deswegen holst du dir die Stadt kurzerhand nach Hause in dein Zimmer!

Dort müssen die Basteleien aber nicht unbedingt bleiben. Viele Dinge passen auch auf den Balkon oder sind geeignet, um sie mitzunehmen.

Was du dafür auf deinem Basteltisch haben solltest: eine Schere, Klebestift, Klebeband, bunte Pappe, alle deine Lieblingsstifte und Büroklammern. Große und kleine Büroklammern helfen dir nämlich beim Zusammenhalten von frisch geklebten Sachen!

HELFENDE HÄUSER

Wenn du keine Säge hast, kannst du auch einfach ein Haus auf ein Frühstücksbrettchen malen. Oder dir das Holz im Baumarkt zusägen lassen.

STUFE: FORTGESCHRITTEN
DAUER: CA. 1 STUNDE

DU BRAUCHST:

- Stoffreste, Tafelfolie und kleine Schraubhaken
- ein Blatt Papier
- stabilen Karton oder eine Holzplatte
- Säge und feines Schmirgelpapier (für Holz)
- Lineal
- Schere
- Tacker (für Pappe) oder Handtacker (für Holz)
- Bleistift
- Bildaufhänger
- Hammer
- Büroklammern
- Faltanleitung auf Seite 112

UND LOS:

1. Falte eine Hausvorlage aus Papier in deiner Wunschgröße und schneide sie zu.

2. Übertrage nun die Vorlage auf deinen Pappkarton oder dein Holzbrett.

3. Mit der Schere oder der Säge schneidest du nun das Haus zu. Ist es aus Holz, kannst du es an den Kanten noch etwas abschleifen.

4. Das Aufbewahrungshaus: Schneide als Erstes den Stoff zu. Er sollte mindestens 1 cm breiter und höher als die Hauswand sein. Klappe den Rand rundherum einen halben Zentimeter nach innen um und fixiere den Stoff mit den Büroklammern am Haus.

5. Dann tackerst du den Stoff an den Seiten und unten fest. Dabei entfernst du nach und nach die Büroklammern. Für mehrere Fächer bringst du mehrere Stofflagen versetzt an.

6. Das Schreibhaus: Klebe die Tafelfolie auf dein Haus und schneide alles Überstehende ab.

7. Das Hakenhaus sollte wegen der Stabilität besser aus Holz sein: Mit einem Lineal zeichnest du hierfür eine gerade Bleistiftlinie auf das Haus. In gleichmäßigen Abständen bringst du kleine Markierungen für deine Häkchen an. Als Nächstes drehst du an diesen Stellen die Haken hinein. Falls der Anfang etwas schwierig ist, kannst du sie vorsichtig mit dem Hammer in das Holz klopfen, bevor du sie hineinschraubst.

8. Nun wendest du das Haus und befestigst oben an der Dachspitze einen Bildaufhänger. Fertig ist dein helfendes Haus!

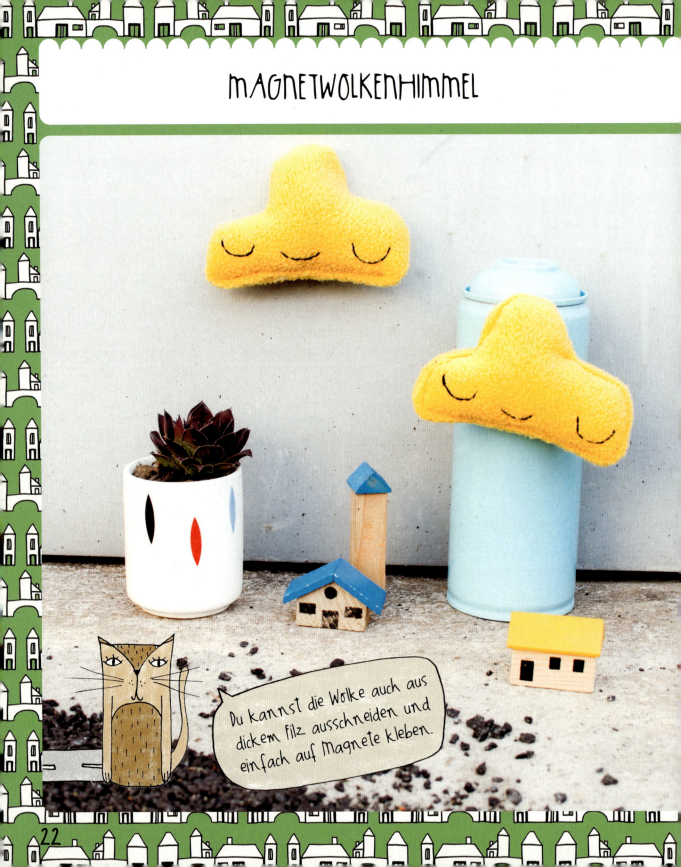

STUFE: MITTELSCHWER
DAUER: CA. 1 STUNDE

DU BRAUCHST:

- etwas Füllwatte
- Stoffreste
- Stoffstift oder Stickgarn
- Magnete mit mindestens 1,5 cm Durchmesser
- Schere
- Vorlage auf Seite 112

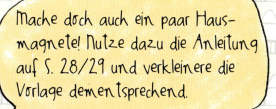

Mache doch auch ein paar Hausmagnete! Nutze dazu die Anleitung auf S. 28/29 und verkleinere die Vorlage dementsprechend.

UND LOS:

1. Kopiere die Vorlage auf Papier und schneide sie aus.

2. Den von dir ausgewählten Stoff legst du nun doppelt. Übertrage die Schablone auf den Stoff und schneide die Wolke aus.

3. Als Nächstes legst du die beiden Stoffstücke mit der schönen Seite aufeinander und nähst einmal um die Wolke herum. Denk dran, eine kleine Öffnung zu lassen!

4. Stopfe die Wolke nach dem Wenden mit Füllwatte aus und stecke dann einen Magnet an der Seite hinein.

5. Jetzt schlägst du den Stoff an der offenen Stelle etwas nach innen und verschließt die Wolke mit einer Naht.

6. Mit einem Stoffstift oder Stickgarn kannst du nun noch ein Gesicht aufbringen. Am besten machst du gleich ein paar Wolken, so hast du bald einen tollen Wolkenhimmel zusammen!

STAU-GIRLANDE

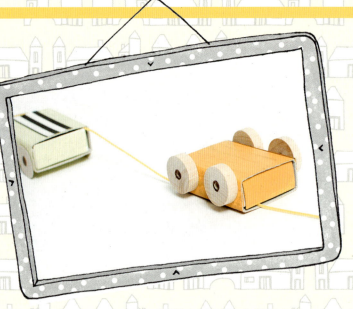

DU BRAUCHST:

- bunte Schnur, ca. 80 cm
- leere Streichholzschachteln
- farbigen Tonkarton
- Korken-, Holzscheiben oder Kronkorken, wenn du magst
- Farben
- Schere
- Kleber
- Vorlage auf Seite 112

UND LOS:

1. Zuerst bemalst du die Streichholzschachteln in unterschiedlichen Farben.

2. Nach dem Trocknen schneidest du aus Tonkarton kleine Kreise aus und klebst jeweils vier Stück als Reifen an die Seiten der Schachteln. Statt Tonkarton kannst du auch Korken-, Holzscheiben oder Kronkorken verwenden.

3. Aus Tonkarton schneidest du jetzt Häuser aus. Denk dran, dass du immer ein Hauspaar brauchst, damit du später die Schnur dazwischenkleben kannst!

4. Anschließend fädelst du die Schnur durch die Streichholzschachteln und verteilst die Autos gleichmäßig.

5. Zwischen die Autos legst du nun deine Tonkarton-Häuser. Bestreiche das dazugehörende zweite Haus mit Kleber und klebe es darauf – und zwar so, dass die Schnur durchs Dach verläuft.

6. Nach dem Trocknen kannst du die Häuser noch verzieren. Vielleicht möchtest du Hausnummern daraufschreiben oder die Namen deiner Freunde, die in deiner Straße wohnen?

BILDERRAHMEN

Wie man das perfekte Haus faltet, siehst du auf Seite 112.

DU BRAUCHST:

- stabile Wellpappe
- schöne Fotos
- Farben, buntes Papierklebeband und Tonpapier
- Bildaufhänger
- Schere
- Kleber
- Stifte

UND LOS:

1. Schneide in beliebiger Größe Häuser aus der Wellpappe aus.

2. Jetzt wird es bunt: Bemale die Häuser in deinen Lieblingsfarben oder beklebe sie mit buntem Tonpapier.

3. Nun klebst du deine schönsten Fotos auf. Verziere sie mit farbenfrohen Papierschnipseln und Papierklebeband.

4. Als krönenden Abschluss befestigst du jetzt noch einen Bildaufhänger oben an der Rückseite des Dachs.

KUSCHELHAUS

Du kannst auch ein Haus aus einfarbigem Stoff machen und nach dem Befüllen mit Stofffarbe bemalen.

DU BRAUCHST:

- Stoff für das Haus, ca. 40 x 30 cm
- Stoff für das Dach, ca. 40 x 10 cm
- Füllwatte
- Filz- oder Stoffreste für Türen und Fenster
- schwarzes Stickgarn oder Knöpfe
- Schere
- Vorlagen auf Seite 114/115

STUFE: FORTGESCHRITTEN
DAUER: CA. 2 STUNDEN

> Du kannst die Kissen auch mit Kirschkernen oder Dinkelkörnern befüllen. So entsteht ein tolles Wärmekissen.

UND LOS:

1. Schneide die Stoffstücke für das Kuschelhaus den Vorlagen entsprechend zu.

2. An der Kante, wo das Dach beginnen soll, legst du eins der schmalen Dachstoffstücke mit der schönen Seite auf eins der großen Hausstoffstücke. Dann nähst du, wie in Zeichnung 1 gezeigt, die beiden Teile mit einer geraden Naht zusammen. Das Ganze wiederholst du mit den beiden anderen Stoffstücken.

3. Damit du ein Dach erhältst, klappst du das neu entstandene Stoffstück auseinander und faltest es dann der Länge nach (Zeichnung 2). Schneide nun mit der Schere schräg in das obere Stoffende, das später das Dach werden soll (Zeichnung 3). Mache das ebenso bei dem Stoffstück für die Hausrückseite.

4. Anschließend kannst du aus den Filz- und Stoffresten Fenster und Türen ausschneiden und auf die Vorderseite deines Hauses nähen oder kleben. Mit Stickgarn und Knöpfen kannst du auch ein Gesicht aufbringen.

5. Sobald du damit fertig bist, legst du beide Hausteile mit der schön gestalteten Seite aufeinander. Nähe einmal um das Haus herum und lass dabei eine 5 cm große Öffnung (Zeichnung 4).

6. Wende den Stoff und befülle ihn mit Füllwatte.

7. Schlage die Kanten an der Öffnung etwas ein und nähe sie zusammen. Fertig ist dein Kuschelhaus!

STRASSEN-DRUCKEREI

UND LOS:

1. Klebe einen langen Streifen doppelseitiges Klebeband auf den Moosgummibogen. Schneide anschließend drei dünne Streifen, ca. 0,5 cm breit, von der Platte ab. Von zwei Streifen ziehst du die Schutzfolie ab und klebst sie dann als Außenlinien der Straße um das Nudelholz. Den dritten Streifen zerteilst du in gleich große Stücke, damit klebst du dann die Mittellinie auf.

2. Aus dem restlichen Moosgummi kannst du nach Belieben noch Häuser oder Wolken ausschneiden. Nicht alles muss auf das Nudelholz geklebt werden, nimm gern auch einen Baustein als Stempel.

3. Als Nächstes pinselst du schwarze Stofffarbe auf die Straßenfläche und die Häuser. Nun kannst du mit dem Nudelholz schon über den Stoff rollen. Dabei fest aufdrücken, damit sich die Farbe gut überträgt. Klappt das an einer Stelle mal nicht so gut, kannst du sie anschließend mit dem Pinsel ausbessern.

4. Um die Stofffarbe zu fixieren, bügelst du den bedruckten Stoff nach dem Trocknen einfach. Dann lässt er sich auch gut waschen.

5. Auf einen Stoffbeutel gedruckt, hast du eine Spielstraße für unterwegs, auf einem einfarbigen Kissenbezug etwas Tolles für dein Zimmer!

STUFE: MITTELSCHWER
DAUER: CA. 1 STUNDE

DU BRAUCHST:

- altes Nudelholz
- Stoffbeutel oder Kissenbezug
- Stofffarben
- einen Bogen Moosgummi, ca. 3 mm dick
- doppelseitiges Klebeband oder Heißklebepistole
- Bauklötze
- Schere
- Pinsel
- Bügeleisen
- Vorlagen auf Seite 118

Lege vor dem Drucken Zeitungspapier unter, damit nichts dreckig wird!

SPIELSTRASSEN-TEPPICH

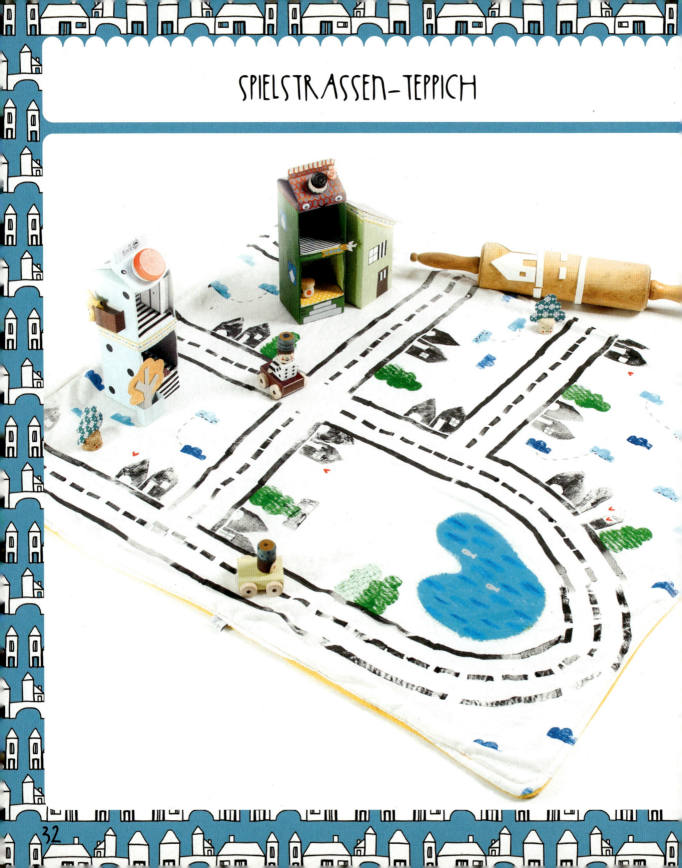

STUFE: FORTGESCHRITTEN
DAUER: CA. 2 STUNDEN

DU BRAUCHST:

- Straßendruck-Nudelholz von Seite 30/31
- ein Betttuch oder einfarbigen hellen Baumwollstoff, ca. 1,50 x 1 m
- Fleece in der gleichen Größe
- Bügeleisen
- Stofffarben
- Pinsel

Eine Straßen-Bettwäsche wäre doch auch was Feines!

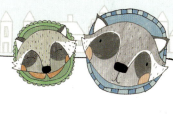

UND LOS:

1. Lege Zeitungspapier unter den Stoff, damit Boden oder Tisch nicht schmutzig werden. Dann kannst du die Moosgummiflächen auf der Druckrolle mit Stofffarbe einpinseln.

2. Vielleicht kann dir der große Waschbär helfen und den Stoff etwas spannen? Du kannst ihn aber auch mit Klebeband oder schweren Büchern am Boden oder auf dem Tisch vor dem Verrutschen bewahren.

3. Jetzt rollst du die Straßen auf den Stoff. Dabei fest aufdrücken! Sobald die Farben schwächer werden, pinselst du die Moosgummiflächen auf dem Nudelholz neu ein.

4. Bist du mit den Straßen fertig, kannst du deinen Teppich noch mit einem See bemalen. Oder wie wäre es mit kleinen Wolken und Blümchen?

5. Nach dem Trocknen bügelst du den Stoff, damit die Farbe beim Waschen nicht ausläuft.

6. Auf die bedruckte Spielteppichseite legst du nun das Fleece und umnähst das Ganze mit der Nähmaschine. Öffnung zum Wenden nicht vergessen!

7. Stülpe den Spielteppich durch die Öffnung, schlage den Stoff an dieser Stelle etwas nach innen ein und nähe ihn zusammen. Fertig!

KATZEN-TÜRSTOPPER

DU BRAUCHST:

- Stoff oder alte Geschirrtücher, ca. 40 x 30 cm
- Kieselsteine, Sand oder Kupfermünzen, ca. 800 g
- Plastiktüte
- schwarzes Stickgarn
- Filzreste und Stoffkleber oder Stofffarbe, wenn du magst
- Füllwatte
- Schere
- Vorlage von Seite 118/119

STUFE: FORTGESCHRITTEN
DAUER: CA. 2 STUNDEN

UND LOS:

1. Nimm den Stoff doppelt, lege die Vorlage darauf und übertrage die Umrisse. Nun schneidest du Vorder- und Rückseite der Katze aus.

2. Beide Katzenteile legst du nun so aufeinander, dass die schönen Stoffseiten innen liegen.

3. Jetzt nähst du mit der Nähmaschine einmal um die Kanten herum, wobei du den Boden der Katze offen lässt. Wende das Ganze.

4. Die obere Hälfte der Katze und den Schwanz stopfst du nun mit Füllwatte aus. In die untere Hälfte packst du eine mit Sand oder kleinen Steinen gefüllte und gut zugeknotete Plastiktüte. Achte darauf, dass unten genug Bodenstoff übrig bleibt, um ihn nach innen falten zu können.

5. Schlage den Stoff an der Öffnung nach innen um und verschließe diese mit einer Naht.

6. Jetzt kannst du deine Türstopper-Katze nach Lust und Laune verzieren. Wenn du Augen und Nase nicht aufsticken magst, dann nimm doch einfach Stofffarbe oder klebe sie mithilfe von Stoffkleber mit Filzresten auf. Hurra!

SPIEL

Hier eine Variante des normalen Versteckspiels: Du versteckst dich zusammen mit der Stoffkatze irgendwo im Haus. Nachdem deine Mitspieler bis hundert gezählt haben, geht es los. Deine Freunde rufen laut „Miezi!" und suchen die Katze. Je näher sie dem Versteck kommen, desto leiser rufst du: „Miau!"

TEELICHTHÄUSER

DU BRAUCHST:

- leere Saftkartons
- Cutter oder spitze Schere
- Farben
- buntes Papierklebeband oder Tonpapier
- Kleber
- Teelicht

Wenn du ein Einmachglas in den Hauskarton stellst, ist er auch eine schöne Vase oder ein Windlicht für draußen!

UND LOS:

1. Überprüfe, ob dein Saftkarton leer ist, und spüle ihn gründlich aus.

2. Schneide Fenster und Türen hinein.

3. Als Nächstes ist das Dach dran: Orientiere dich beim Zuschneiden an der kleinen Zeichnung rechts.

4. Jetzt malst du den kompletten Saftkarton in deiner Wunschfarbe an. Nach dem Trocknen klebst du die Fensterläden und die Tür mit buntem Klebeband oder Tonpapier auf. Auch das Dach kannst du auf diese Weise verzieren.

5. Sobald es dunkel ist, kannst du ein Teelicht in dein Haus stellen und so von innen erleuchten. Aber Achtung: Der große Waschbär sollte immer mit dabei sein!

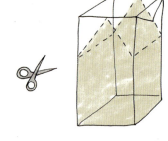

STUFE: EINFACH
DAUER: CA. 1 STUNDE

Setze dich deinem Spielpartner gegenüber. Jeder bekommt ein Teelichthaus, das er schräg vor sich stellt und auf das er sehr gut achtgeben muss. Denn wer zuerst die gegnerische Kerze ausgepustet hat, hat gewonnen!

HUNDE-KISSEN

DU BRAUCHST:

- Stoff, ca. 80 x 40 cm
- Stoffreste für Schnauze und Ohr
- Knopf oder schwarzes Stickgarn
- Füllwatte
- Kordel, ca. 1,50 m lang
- Schere
- Vorlagen von Seite 114/115

Wenn du die Vorlage viermal so groß kopierst, dann bekommst du ein großes Bodenkissen zum Knuddeln.

UND LOS:

1. Übertrage die Hunde-Vorlage auf deinen Stoff. Du brauchst sowohl eine Vorder- als auch eine Rückseite.

2. Das Ohr und die Schnauze entstehen aus Stoffresten, die sich farblich vom Hunde-Körper unterscheiden. Schneide nun alle Teile aus.

3. Nun klebst oder nähst du das Ohr und die Schnauze auf die Vorderseite des Hundes.

4. Lege die Rückseite des Hundes mit der schönen Seite auf die verzierte Vorderseite. Jetzt nähst du einmal rundherum. Bis auf eine Öffnung zum Wenden sind anschließend alle Seiten verschlossen.

5. Stülpe deinen Kuschelhund um und gib Füllwatte hinein.

6. Zum Schluss verschließt du die Öffnung noch mit einer Naht und stickst deinem Hund noch ein Auge und einen Mund auf. Das Auge kann natürlich auch aus einem Knopf bestehen.

7. Und aus der Kordel wird beim Spazierengehen eine Hundeleine!

STUFE: FORTGESCHRITTEN
DAUER: CA. 2 STUNDEN

Skyline von Pappstadt

Und los:

1. Schneide in beliebiger Größe Häuser aus der Wellpappe aus. Du kannst dich auch gern an der Faltvorlage auf Seite 112 orientieren. Achte darauf, dass die Häuser verschieden groß sind und unterschiedlich aussehen.

2. Du kannst auch schon ein paar Rechtecke für Schornsteine, Türen, Fensterläden und Balkone aus der Wellpappe ausschneiden.

3. Jetzt wird es bunt: Bemale die Häuser und Kleinteile in deinen Lieblingsfarben oder beklebe sie mit buntem Tonpapier.

4. Nach dem Trocknen kannst du alles noch schön mit deinen Stiften verzieren. Klebe anschließend die Türen, Fensterläden, Schornsteine und Balkone an den gewünschten Stellen auf.

5. Jetzt kommen die Zeitungsausschnitte, Fotos und das bunte Klebeband zum Einsatz. Wie wäre es mit Vorhängen oder einem Nachbarn auf dem Balkon? Aus Prospekten kannst du ebenfalls schöne Sachen ausschneiden. Das macht deine Stadt lebendig.

6. Zum Schluss legst du alle deine Häuser verkehrt herum in einer Reihe nebeneinander und verbindest sie mit Gewebeklebeband. Auf der Vorderseite kannst du auch buntes Papierklebeband verwenden, das sieht schöner aus.

> Mit Fotos von dir und deiner Familie ist das auch ein super Geschenk!

STUFE: EINFACH
DAUER: CA. 1 STUNDE

DU BRAUCHST:

- stabile Wellpappe
- Farben, buntes Papierklebeband, Tonpapier
- Zeitungsausschnitte, Prospekte, schöne Fotos
- Gewebeklebeband
- Stifte
- Schere
- Kleber
- Pinsel

41

HUNDE-GIRLANDE

DU BRAUCHST:

- Tonkarton in mehreren Farben
- Schnur, ca. 1 m lang
- einen kleinen Stock
- schwarzen Stift
- Schere
- Kleber
- Vorlage auf Seite 112

UND LOS:

1. Übertrage die Vorlage mehrfach auf den Tonkarton und schneide die Hunde aus. Bedenke, dass du für jedes Tier eine Vorder- und eine Rückseite brauchst, damit du später die Schnur dazwischen verschwinden lassen kannst.

2. Nun kannst du den Hunden ein nettes Aussehen verpassen. Benutze einen schwarzen Stift, um die Gesichter aufzumalen. Mit Punkten wird ein Hund zum Dalmatiner.

3. Als Nächstes befestigst du die Schnur. Dafür legst du sie auf eine Hundeseite und klebst dann das Gegenstück darauf. Lass zwischen den einzelnen Hunden immer einige Zentimeter Abstand, so verteilen sie sich schön auf der Schnur.

4. Wenn du alle Hunde angebracht hast, kannst du ca. 10 cm unter dem untersten Hund noch ein Stöckchen festknoten. Das gibt der Girlande mehr Stabilität. Und jetzt ab damit ins Fenster!

BETONZETTELHALTER

STUFE: MITTELSCHWER
DAUER: CA. 1 TAG

Statt mit Plastikflaschen kannst du auch mit Joghurtbechern arbeiten. Und statt Krokodilklammern lassen sich auch Büroklammern verwenden, die du an einem Draht befestigst.

DU BRAUCHST:

- leere Plastikflasche, Durchmesser ca. 10 cm
- etwas geruchsneutrales Speiseöl
- Blitzbeton
- Krokodilklammern
- alten Eimer
- alten Löffel
- Acrylstifte und Farben
- Schere

UND LOS:

1. Mit der Schere schneidest du die Flasche in etwa 15 cm Höhe ab.

2. Schwenke nun die entstandene Gießform gut mit Öl aus, damit der Beton später nicht am Plastik haften bleibt.

3. Jetzt rührst du den Beton nach der Gebrauchsanleitung auf der Packung in dem Eimer an und füllst ihn schnell in deine Flasche.

4. Sobald der Beton nicht mehr ganz so flüssig ist, steckst du die Krokodilklammern in die noch feuchte Masse. Dann lässt du sie über Nacht trocknen.

5. Am nächsten Tag schneidest du die Gießform an der Seite vorsichtig ein, bis sich der Betonkörper aus dem Plastik lösen lässt.

6. Fast geschafft! Nun packst du deine Farben aus und bemalst den Zettelhalter nach Herzenslust. Und fertig ist er: dein Briefbeschwerer mit Memofunktion!

TÜRSCHILD

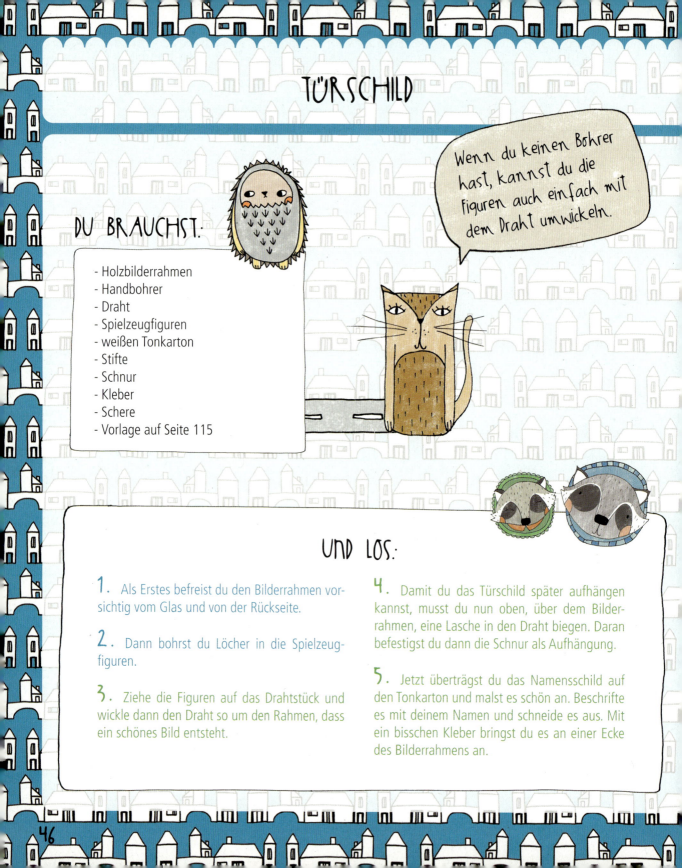

Wenn du keinen Bohrer hast, kannst du die Figuren auch einfach mit dem Draht umwickeln.

DU BRAUCHST:

- Holzbilderrahmen
- Handbohrer
- Draht
- Spielzeugfiguren
- weißen Tonkarton
- Stifte
- Schnur
- Kleber
- Schere
- Vorlage auf Seite 115

UND LOS:

1. Als Erstes befreist du den Bilderrahmen vorsichtig vom Glas und von der Rückseite.

2. Dann bohrst du Löcher in die Spielzeugfiguren.

3. Ziehe die Figuren auf das Drahtstück und wickle dann den Draht so um den Rahmen, dass ein schönes Bild entsteht.

4. Damit du das Türschild später aufhängen kannst, musst du nun oben, über dem Bilderrahmen, eine Lasche in den Draht biegen. Daran befestigst du dann die Schnur als Aufhängung.

5. Jetzt überträgst du das Namensschild auf den Tonkarton und malst es schön an. Beschrifte es mit deinem Namen und schneide es aus. Mit ein bisschen Kleber bringst du es an einer Ecke des Bilderrahmens an.

MEINE STADT ...

Hurra! Ab nach draußen! Dieses Kapitel bedeutet den kleinen Stadtfreunden sehr viel, weil einige von ihnen ja auch draußen leben und nicht bei dir unter dem Bett.

Du wünschst dir bestimmt, dass dein Weg zum Kindergarten oder zur Schule spannend und schön ist. Wie wäre es denn mit ein paar Überraschungen und Veränderungen? Vielleicht magst du deine Straße zum Beispiel ein wenig begrünen? Damit machst du auch anderen eine große Freude und gleichzeitig hast du mehr Spaß. Viele Ideen sind ganz einfach umzusetzen, also lass uns loslegen ...

BLUMENBOMBEN

STUFE: MITTELSCHWER
DAUER: CA. 1 TAG

DU BRAUCHST:

- Wasser
- lehmige Erde oder Tonerde
- gemischte Blumensamen

UND LOS:

1. Mische die Erde vorsichtig mit Wasser, bis eine Masse entsteht, die du gut formen kannst.

2. Nun nimmst du ein bisschen von der lehmigen Masse, gibst einen halben Teelöffel Blumensamen hinzu und formst das Ganze zu einer walnussgroßen Kugel. Nachdem du ganz viele Blumenbomben gemacht hast, müssen diese gut durchtrocknen, ungefähr einen Tag lang.

3. Anschließend kann der Spaß losgehen: Schnapp dir deine Freunde und verteile die Samenbomben überall dort in deiner Stadt, wo Erde liegt, aber niemand etwas gepflanzt hat. Bei Regen saugt sich die lehmige Erde mit Wasser voll und bald schon sprießen die ersten Pflänzchen. Gleichzeitig schützt die Lehmkugel die Samen vor hungrigen Vögeln. Natürlich kannst du die Blumenbomben auch auf deinem Balkon einpflanzen.

GARTENZAUN

STUFE: MITTELSCHWER
DAUER: CA. 1 STUNDE

Du kannst auch die Blumenbomben von Seite 50/51 umzäunen.

DU BRAUCHST:

- Eisstiele oder Bastelstäbchen
- Heißklebepistole
- Tonkarton
- Schaschlikspieß
- Kleber
- Stifte
- Vorlage auf Seite 115

HAB mich LIEB!

Schau, wie SCHÖN ich bin

UND LOS:

1. Wenn du deine Straße begrünen willst, dann setze doch um die Pflanzen herum einen kleinen Gartenzaun: Dazu klebst du immer fünf Eisstiele mit der Heißklebepistole senkrecht an ein quergelegtes Eisstäbchen. Und schon hast du ein Zaunelement!

2. Für das Schild überträgst du die Vorlage auf Tonkarton, malst das Ganze an, beschriftest es und schneidest es aus. Zu guter Letzt klebst du es noch an den Schaschlikspieß. Übrigens kannst du dein Schild, wenn du magst, auch vor Regen schützen, indem du es laminierst oder mit Klebefolie überziehst.

3. Mit einer kleinen Schaufel lockerst du nun um deine Pflanze herum die Erde und steckst die Zaunelemente hinein. Noch das Schild dazu und fertig ist dein kleines Gartenbeet!

STECKTIERE

STUFE: EINFACH
DAUER: CA. 1 STUNDE

Wenn du die Motive vor dem Ausschneiden laminierst, halten die Tiere auch Regen aus.

DU BRAUCHST:

- gerade Stöckchen
- Stifte
- Schere
- Kleber
- Kopiervorlagen auf Seite 116/117

UND LOS:

1. Kopiere die Malvorlage und schneide die Tiere aus. Du kannst auch gern einen weißen Rand lassen, damit du nicht aus Versehen die Fühler abschneidest.

2. Male die Tierschar in deinen Lieblingsfarben aus.

3. Nun faltest du die Tiere so, dass Vorder- und Rückseite genau aufeinanderliegen. Trage auf eine Seite Kleber auf, lege ein Stöckchen darauf und drücke die andere Seite fest an, fertig.

4. Bei einem Spaziergang kannst du die Stecktiere freilassen und in die Erde stecken. Da freuen sich dann alle darüber, die vorbeilaufen. Zimmer- und Balkonpflanzen kannst du damit natürlich auch verschönern!

PFLANZEN NACHZIEHEN

STUFE: EINFACH
DAUER: CA. 1-2 WOCHEN

DU BRAUCHST:

- Ableger oder Früchte von Pflanzen (wie Kastanien oder Eicheln)
- alte Einmach- oder Marmeladengläser
- Blumenerde, Blumentopf
- Wasser
- Schere

UND LOS:

1. Pflanzen kann man auf unterschiedliche Weise vermehren: Du kannst sowohl Ableger als auch Früchte Wurzeln ziehen lassen. Kennst du vielleicht jemanden mit einem Garten? Oder wächst eine Zimmerpflanze bei euch zu Hause oder bei einem deiner Freunde? Dann frag doch mal, ob du dir vielleicht von einem Buchsbäumchen oder von einem Pfennigbaum eine 10 cm lange Spitze abschneiden darfst. Oder du sammelst draußen die Früchte von einem Kastanienbaum oder einer Eiche auf. Auch daraus können neue Pflanzen wachsen.

2. Damit die Buchs- oder Pfennigbaumableger Wurzeln bekommen, setzt du sie in ein Glas voller Wasser. Dabei muss sich die Schnittfläche im Wasser befinden. Kastanie oder Eichel legst du in etwas Erde. Außerdem brauchen die Pflanzen natürlich Licht und etwas Wasser. Dann heißt es: warten.

3. Nach einigen Wochen kannst du beobachten, wie sich erste Wurzeln bilden. Bei Kastanie und Eichel wachsen vielleicht auch schon erste Blätter!

4. Nun kannst du die Ableger einpflanzen. Gibt es bei euch in der Straße erdige Stellen, wo nichts wächst? Buddle hier für den Buchs, die Kastanie oder die Eiche ein kleines Loch und setze sie hinein. Der Pfennigbaum kann dein Zimmer begrünen und sollte in einen kleinen Topf gepflanzt werden. Erde leicht andrücken und etwas gießen – fertig!

DIE GRÜNEN KERLE

DU BRAUCHST:

- alte Dosen, abgeschnittene Saftkartons
- Blumenerde
- kleine Pflanzen
- Plakafarben
- Acrylstifte
- Malvorlagen auf Seite 113

Auch für Schnittlauch oder Kresse toll!

UND LOS:

1. Spüle den Saftkarton oder die Dose ordentlich aus. Vorsicht beim Dosenrand, er kann scharf sein! Pass auf, dass du dich nicht schneidest! Am besten klebt der große Waschbär gleich nach dem Trocknen etwas Klebeband über die Kante.

2. Male die Dose oder den Saftkarton bunt an und zeichne ein schönes Gesicht auf.

3. Befülle dein Gefäß nach dem Trocknen mit etwas Erde und setze eine kleine Pflanze hinein.

4. Mache einen Spaziergang in deiner Nachbarschaft und platziere deinen kleinen Pflanztopf an einer Stelle, die noch nicht schön grün ist. Du wirst sehen, alle freuen sich über etwas mehr Begrünung in der Stadt! Als Stadtgärtner ist es natürlich deine Aufgabe, ab und zu nach dem Rechten zu sehen und, falls nötig, den grünen Kerl auch mal zu gießen.

STUFE: MITTELSCHWER
DAUER: CA. 2 STUNDEN

59

FLASCHENKÖPFE

STUFE: MITTELSCHWER
DAUER: CA. 1 STUNDE

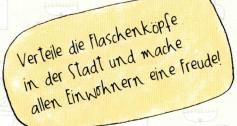

DU BRAUCHST:

- kleine ausgespülte Glas- oder Plastikflaschen
- Farbe
- Acrylstifte
- Blumendraht
- Malvorlagen auf Seite 113

Verteile die Flaschenköpfe in der Stadt und mache allen Einwohnern eine Freude!

UND LOS:

1. Schütte etwas verdünnte Farbe in die Flasche und verteile sie mit kreisenden Bewegungen. Die Farbreste gibst du anschließend einfach wieder zurück ins Farbtöpfchen. Lass die Flasche trocknen.

2. Nun kannst du mit den Acrylstiften außen auf die Flaschenköpfe Gesichter und andere Motive aufmalen.

3. Sind alle Farben getrocknet, hast du eine tolle Blumenvase! Wenn du sie aufhängen möchtest, kannst du aus Blumendraht noch eine Schlaufe um den Flaschenhals binden.

Minigarten

Du brauchst:

- Saftkarton
- Eisstiele oder Bastelstäbchen
- Heißklebepistole
- Stifte
- Cutter oder scharfe Schere
- Blumenerde
- kleine Pflanzen

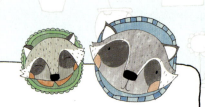

Lade all deine Freunde ein, mit dir ein Eis zu essen. So bekommst du ganz viele Stiele!

Und los:

1. Spüle den Saftkarton gründlich aus und lass ihn trocknen.

2. Anschließend schneidest du eine der langen Seiten aus dem Karton heraus.

3. Als Nächstes kürzt du so viele Eisstiele, dass sie den Saftkarton vorn und an einer kurzen Seite bedecken können. Die zweite kurze Seite mit dem Drehverschluss bleibt frei.

4. Mit der Heißklebepistole machst du nun kleine Klebepunkte auf die Eisstiele und drückst diese bodenhoch auf die Saftkartonseite. Für die hintere Seite lässt du die Holzstiele normal lang und klebst auch sie am Karton fest.

5. Aus den restlichen Stielen kannst du zum Beispiel noch einen Baum basteln und ein Vögelchen darankleben.

6. Mit den Stiften malst du jetzt noch Baum und Vogel an. Und auf den Zaunlatten kannst du noch die Nagelköpfe andeuten, wenn du magst.

7. Nun ist dein Minigarten fertig und kann mit Erde befüllt werden. Setze noch kleine Pflänzchen hinein, drücke die Erde um sie herum fest und gib ihnen etwas Wasser.

STUFE: FORTGESCHRITTEN
DAUER: CA. 2 STUNDEN

MIT MEINER STADT ...

Spielen, spielen, spielen – da machen alle mit! Ob allein oder mit Geschwistern und Freunden: Zwischendurch ein kleines Spiel, und schon hast du wieder mehr Spaß! Du weißt bestimmt, dass man aus viel Krimskrams tolle Sachen machen kann. In diesem Kapitel haben die kleinen Stadtfreunde zahlreiche Ideen für dich gesammelt, damit du Lustiges zum Spielen ganz einfach selbst basteln kannst. Und vielleicht werkeln die anderen gleich mit? Dann kann jeder seine Spielfiguren selbst gestalten!

SAFTHÄUSER

STUFE: FORTGESCHRITTEN
DAUER: CA. 2 STUNDEN

DU BRAUCHST:

- Saftkartons
- Korken
- Tonpapier und Tonkarton in verschiedenen Farben
- buntes Papierklebeband, Stoffreste, wenn du magst
- Krimskrams, z. B. kleine Spielzeugfiguren oder alte Spielsteine
- Streichholzschachteln
- Kleber
- Pinsel
- Farben
- Acrylstifte
- Cutter oder spitze Schere
- Vorlagen auf Seite 119

67

SAFTHÄUSER

UND LOS:

1. Zuallererst spülst du den Saftkarton gut aus und lässt ihn trocknen.

2. Nun schneidest du in eine Seite des Saftkartons zwei Fußböden für die Zimmer. Fang am besten mit dem oberen Fußboden an. Stell dir einfach ein Viereck vor, von dem du aber nur drei Seiten einschneidest (oben, rechts und links). Biege das abgetrennte Rechteck nach innen und teste, ob es die hintere Wand berührt. Falls nicht, schneidest du rechts und links noch etwas tiefer ein. Genauso gehst du bei dem zweiten Fußboden vor.

3. Mit Klebeband befestigst du die eingeklebten Böden jetzt an den Hauswänden.

4. In die Rückseite des Hauses kannst du nun die Fenster hineinschneiden.

5. Als Nächstes malst du das Haus innen und außen komplett mit deckenden Farben an. Lass das Ganze dann trocknen.

6. Natürlich benötigt dein Haus auch Teppiche, Tapeten und Vorhänge! Schneide dafür bunte Tonpapierstücke oder auch Stoffreste auf die passende Größe zu und bringe sie mit Kleber an.

7. Aus leeren Streichholzschachteln lassen sich übrigens ganz tolle Schränke oder Balkone basteln! Für einen Schrank malst du einfach auf den Innenteil einer Streichholzschachtel Schranktüren auf. Und den äußeren Teil der Schachtel halbierst du und verwendest ihn als Balkon.

8. Soll dein Haus in einem Garten stehen? Dann bastle doch noch ein paar Bäume. Mache dafür einen Schlitz in die Mitte eines Korkens und schiebe eine Baumkrone aus Tonkarton hinein. Baumstamm und -krone von der Vorlagenseite finden übrigens in der übrig gebliebenen Streichholzschachtelhälfte Halt.

9. Zum Schluss kannst du dein Haus noch mit Acrylstiften, Krimskrams oder buntem Papierklebeband verschönern. Und schon kann losgespielt werden!

Fußböden: schneiden und nach hinten klappen →

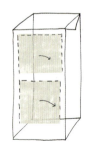

Baum: hier den Schlitz reinschneiden →

SCHIEBEAUTO

STUFE: EINFACH
DAUER: CA. 1 STUNDE

DU BRAUCHST:

- Korken
- Streichholzschachteln
- Farben, buntes Papier oder Papierklebeband
- alte Spielewürfel oder anderen Krimskrams
- Kleber oder Heißklebepistole
- Acrylstifte
- Schere
- Cutter
- Pinsel

Wenn du es größer magst, dann nimm doch einen Eierkarton und Schraubverschlüsse von Flaschen als Räder, das sieht auch toll aus!

UND LOS:

1. Male die Streichholzschachteln in deiner Wunschfarbe an. Du kannst sie natürlich auch mit Tonpapier oder buntem Papierklebeband bekleben.

2. Schneide mit dem Cutter aus einem Korken vier gleich dicke Räder.

3. Nun kannst du alte Spielwürfel, Korken für die Gesichter, Schraubverschlüsse als Hüte oder anderen Krimskrams auf die Streichholzschachteln kleben.

4. Dann befestigst du die Räder mit Kleber.

5. Male auf die Korken noch Gesichter auf und los geht die Autofahrt!

ICH HABE DIE LÄNGSTE STRASSE

STUFE: EINFACH
DAUER: CA. 1 STUNDE

UND LOS:

1. Klebe die kopierte Vorlage mit dem Straßenzug auf den Karton und schneide die einzelnen Kärtchen aus.

2. Zeichne auf das Papier weitere Karten-Motive, die du dir selbst ausdenkst, und klebe sie ebenfalls auf den Tonkarton.

3. Hole anschließend deine Stifte raus und male die Karten farbenfroh an.

DU BRAUCHST:

- Tonkarton oder blanko Memo-Karten
- weißes Papier
- bunte Stifte
- Kleber
- Schere
- Kopiervorlage auf Seite 124

SPIEL

Die Startkarte wird in die Tischmitte gelegt, alle anderen Karten werden auf dich und deine Mitspieler aufgeteilt. Immer abwechselnd dürft ihr nun eine Karte an die Straße anlegen. Das ist eigentlich ganz leicht, wären da nicht die Sackgassen! Wer zuerst alle Karten abgelegt hat, hat gewonnen.

DÄCHER-SPIEL

SPIEL

Du bist der Dächer-Spieler. Unter einem der drei Häuser befindet sich eine Murmel oder ein Steinchen. Deine Aufgabe ist es, die Häuser so geschickt hin und her wandern zu lassen, dass deine Mitspieler nicht mehr wissen, wo sich die Murmel befindet.
Na, dann versuch mal dein Glück!

STUFE: MITTELSCHWER
DAUER: CA. 1 STUNDE

UND LOS:

1. Schneide Haus- und Dachteile aus dem Stoff zu.

2. An der Kante, wo das Dach beginnen soll, legst du eins der schmalen Dachstoffstücke auf eins der Hausstoffstücke. Dann nähst du, wie in Zeichnung 1 auf Seite 29 gezeigt, die beiden Teile mit einer geraden Naht zusammen. Das Ganze wiederholst du mit den beiden anderen Stoffstücken.

3. Damit du ein Dach erhältst, klappst du das neu entstandene Stoffstück auseinander und faltest es dann der Länge nach (Zeichnung 2 auf Seite 29). Schneide nun mit der Schere schräg in das obere Stoffende, das später das Dach werden soll (Zeichnung 3 auf Seite 29). Mache das noch einmal bei dem Stoffstück für die Hausrückseite.

4. Sobald du damit fertig bist, legst du beide Stoffstücke mit der schönen Seite aufeinander. Nähe einmal um das Haus herum, aber bedenke, dass die Unterseite offen bleiben muss (Zeichnung 4 auf Seite 29).

5. Nun wendest du den Stoff und stopfst das Dach mit etwas Füllwatte aus. Anschließend schiebst du eine Klopapierrolle hinein.

6. Schlage den unten überstehenden Stoff in die Klopapierrolle und befestige ihn mit Kleber oder doppelseitigem Klebeband.

7. Zu guter Letzt kannst du mit Textilkleber noch Türen und Fenster aus Stoff oder Filz aufkleben. Bei den beiden anderen Häusern verfährst du genauso.

DU BRAUCHST:

- Stoff pro Haus, ca. 16 x 12 cm
- Stoff pro Dach, ca. 16 x 6 cm
- Filz- oder Stoffreste für Türen und Fenster
- 3 Klopapierrollen
- Kleber oder doppelseitiges Klebeband
- Füllwatte
- Murmel oder Steinchen
- Vorlagen auf Seite 119

Du kannst auch ein Haus aus einem einfarbigen Stoff basteln und mit Stofffarbe bemalen.

WER WOHNT WO?

DU BRAUCHST:

- Tonkarton oder blanko Memo-Karten
- weißes Papier
- bunte Stifte
- Kleber
- Schere
- Kopiervorlage auf Seite 122/123

UND LOS:

1. Klebe die kopierte Vorlage mit den Stadtdingen und ihrem Zuhause auf den Karton und schneide die einzelnen Kärtchen aus.

2. Kennst du vielleicht noch weitere Stadttiere und weißt, wo sie wohnen? Dann zeichne doch auf das Papier weitere Karten-Motive und klebe sie ebenfalls auf den Tonkarton.

3. Hole anschließend deine Stifte raus und male die Karten farbenfroh an.

SPIEL

Mische alle Karten und lege sie verdeckt auf den Tisch. Reihum darf nun jeder Spieler zwei Karten umdrehen. Entdeckst du ein zusammenpassendes Paar, zum Beispiel das Auto und die Garage, darfst du die Karten behalten und bist noch einmal dran. Gehören die beiden Karten nicht zusammen, werden sie wieder umgedreht und der Nächste ist dran. Gewonnen hat, wer die meisten Paare findet.

STUFE: EINFACH
DAUER: CA. 1 STUNDE

MÜLLANGEL-SPIEL

SPIEL

Die Müllprodukte aus dem Prospekt werden auf alle Mitspieler aufgeteilt. Deine Aufgabe ist es, immer nur ein Müllstück zu angeln und es in die richtige Tonne zu sortieren. Klappt das, bist du noch einmal dran. Hebst du zu viele Müllprodukte auf oder sortierst falsch, kommt dein Müll zurück auf deinen Müllberg und der Nächste ist dran. Gewonnen hat, wer seinen Müll zuerst wegsortiert hat.

STUFE: EINFACH
DAUER: CA. 1 STUNDE

DU BRAUCHST:

- Saftkartons
- Supermarktprospekte
- Tonkarton in verschiedenen Farben
- mehrere Stöckchen für die Angeln
- Schnur, ca. 20 cm lang pro Angel
- kleine Magnete
- Büroklammern aus Metall
- Farbe
- Cutter oder spitze Schere
- Schere
- Kleber
- Pinsel

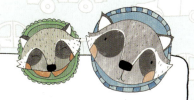

UND LOS:

1. Schneide aus den Prospekten unterschiedliche Angebote aus. Diese klebst du, der Mülltrennung in deiner Stadt entsprechend, auf farbigen Tonkarton. Zum Beispiel Obst auf grünen Karton, weil es in die Biotonne gehört. Oder Milchtüten auf gelben Karton, weil sie in den gelben Sack gehören.

2. Schneide deine Müllprodukte aus und versehe sie mit einer Büroklammer.

3. Nun brauchst du noch Mülltonnen. Und zwar so viele, wie du auch Müllsorten hast. Vielleicht eine schwarze für den Restmüll, eine grüne für den Bioabfall und eine gelbe für den Gelbe-Sack-Müll. Außerdem gibt es auch noch Papiertonnen oder Altglasbehälter. Als Mülltonnen dienen die Saftkartons. Spüle sie gut aus und lass sie trocknen.

4. Jetzt schneidest du in die Rückseite mit dem Cutter ein großes Loch.

5. Als Nächstes malst du die Saftkartons den Müllkategorien entsprechend an.

6. Während die Farbe trocknet, baust du dir eine schöne Angel. Dafür nimmst du ein Stöckchen, knotest die Schnur daran fest und das andere Schnurende an einem Magneten.

WIRF DIE KATZE VON DER MAUER

DU BRAUCHST:

- mindestens 3 kleine, schmale Blechdosen
- Füllwatte
- Gewebeklebeband
- Stickgarn oder Knöpfe
- Stofffarbe zum Verzieren, wenn du magst
- Katzenhülle von Seite 34/35

Wenn du die Öffnung am Boden offen lässt, kannst du die Katzen auch auf Holzstäben in die Erde stecken — eine prima Vogelscheuche!

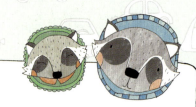

UND LOS:

1. Fertige die Katzenhülle aus Stoff so an, wie auf Seite 35 beschrieben. Achte dabei darauf, dass die Öffnung unten am Boden groß genug ist, sodass später die Blechdose hineinpasst.

2. Stopfe Kopf und Schwanz mit Füllwatte aus.

3. Dann schiebst du die Blechdose in die Öffnung und stabilisierst sie, indem du rechts und links Füllwatte hinzufügst. Die Blechdose muss guten Halt finden und darf nicht herausfallen!

4. Im nächsten Schritt schlägst du den überstehenden Stoff unten an der Öffnung nach innen um und befestigst ihn mit dem Gewebeklebeband.

5. Das Ganze wiederholst du so oft, bist du mindestens drei Stoffkatzen gebastelt hast – so macht das Spielen später richtig Spaß!

6. Wenn du magst, kannst du die Katzen natürlich auch noch mit Stofffarben bunt verzieren!

STUFE: FORTGESCHRITTEN
DAUER: CA. 2 STUNDEN

SPIEL

Jeder Mitspieler sucht sich draußen einen Wurfstein. Ziel ist es, so viele Stoffkatzen wie möglich umzukegeln. Jeder hat nun nacheinander drei Würfe frei. Je mehr Katzen du aufstellst, desto schwieriger wird das Spiel!

DIE STADTGÄRTNEREI

Wenn du zu Hause keinen großen Pappkarton hast, frag mal in der Stadt bei einem Kiosk oder einem anderen Laden nach. Die haben oft Kartons übrig.

STUFE: FORTGESCHRITTEN
DAUER: CA. 3 STUNDEN

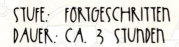

DU BRAUCHST:

- große, rechteckige Pappkiste
- Pappe für die Schilder
- 1 bis 2 Schuhkartons
- dicken Pinsel oder Farbrolle
- Wäscheklammern
- Klebeband
- Cutter
- Schere
- Farben

UND LOS:

1. Lege den Boden großzügig mit Zeitungspapier aus.

2. Schneide mit dem Cutter in die Vorderseite deiner Pappkiste ein Fenster. Dann entfernst du Boden, Deckel und Rückseite. Am Ende sollte die Pappkiste wie auf der kleinen Zeichnung unten aussehen.

3. Das ausgeschnittene Pappstück kannst du als Markise verwenden, indem du es mit der Schere in Wellenform schneidest. Dann malst du es bunt an und klebst es von innen über das Fenster.

4. Mit dem Klebeband stabilisierst du als Nächstes die Ecken in deiner Gärtnerei.

5. Pinsele die Pappkiste jetzt komplett bunt an. Auch die Schuhkartons können bunt werden. Du kannst sie aber auch mit farbigem Papier bekleben.

6. Natürlich braucht deine Gärtnerei noch einen Namen. Schreibe ihn auf eine Pappe und klebe diese oben über das Fenster. Außerdem kannst du noch ein paar Angebotsschilder schreiben.

7. Zu guter Letzt befestigst du einen der Schuhkartons noch mit Wäscheklammern am Fensterrahmen. Hier kommen später deine Waren hinein. Den anderen Schuhkarton kannst du einfach vor dein Ladengeschäft stellen.

8. Und schon geht es los, du kannst Gärtnerei spielen und deine Blumenbomben oder deine selbstgezogenen Pflanzen verkaufen!

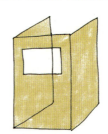

STADTBOX

DU BRAUCHST:

- einen Faltkarton
- Tonpapier, unterschiedlich gemustert
- Klebeband, am besten durchsichtig
- selbstklebendes Klettband
- Cutter
- Tacker
- Kleber
- Schere
- Stift
- Vorlagen auf Seite 121

UND LOS:

1. Schneide den Karton an den Seitenkanten mit dem Cutter ein, so wie auf Seite 85 gezeigt.

2. Breite den Karton flach vor dir aus. Mit Klebeband kannst du die Ecken nun etwas stabilisieren.

3. Jetzt entwirfst du deine Landschaft und beklebst dafür die Innenfläche des Faltkartons mit buntem Tonpapier.

4. Schneide als Nächstes Straßen aus dem Tonpapier aus und klebe sie auf, damit können später in deiner Landschaft Autos fahren.

5. Wenn das geschafft ist, klebst du über alle Kanten einen Streifen Klebeband, damit sich beim Öffnen und Schließen der Stadtbox das Tonpapier nicht ablöst.

Weiter geht es auf Seite 85!

STADTBOX

Stell dir vor, deine Freunde hätten auch so einen Karton! Dann könntet ihr alle aneinanderlegen und hättet eine riesige Landschaft, wow!

6. Damit die Stadtbox sich gut verschließen lässt, klebst du an die beiden Deckelhälften einen Streifen Klettband.

7. Um ganz sicherzugehen, dass der Klettverschluss auch richtig gut hält, tackerst du ihn zusätzlich noch fest.

8. Schließe den Karton, denn jetzt verschönerst du das Äußere! Beklebe das Haus mit buntem Tonpapier und bringe mithilfe der Vorlagen Fenster und Tür an.

9. Nun kommt auch noch auf das Dach Tonpapier. Wenn du es in Wellenform schneidest, sieht es aus wie richtige Ziegel! Aber pass auf, dass du das Dach nicht aus Versehen zusammenklebst!

10. Und schon kann losgespielt werden!

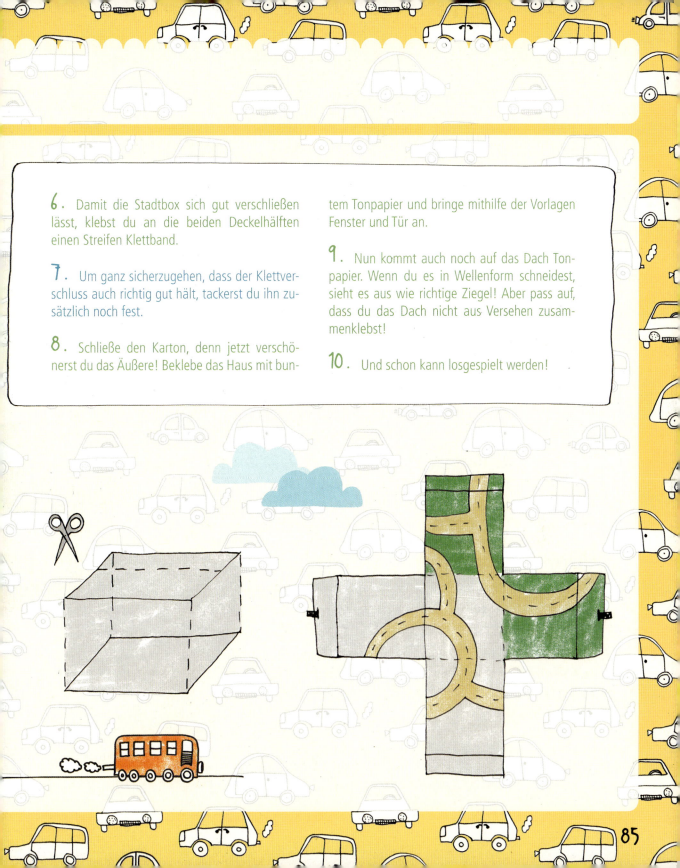

HOCHHAUS-STAPELN

DU BRAUCHST:

- Streichholzschachteln, mindestens 10 Stück
- Farben
- Acrylstifte
- Pinsel

STUFE: EINFACH
DAUER: CA. 1 STUNDE

> Statt Streichholzschachteln kannst du auch Schuhkartons nehmen. Dann wird der Turm richtig schön groß.

UND LOS:

1. Zuerst grundierst du die Streichholzschachteln mit einer deckenden Farbe. Wenn du jede Schachtel in einem anderen Farbton anmalst, wird das Hochhaus umso bunter!

2. Nach dem Trocknen sind die Fenster und Türen an der Reihe: Male mit den Stiften die Rahmen auf. Außerdem kannst du noch Vorhänge, Zimmerpflanzen und Ähnliches hinzufügen. Und vielleicht schaut auch bei dir durch eins der Fenster eine Katze nach draußen?

SPIEL

Die bemalten Streichholzschachteln werden gleichmäßig auf die Mitspieler verteilt. Der Reihe nach setzt nun jeder ein weiteres Stockwerk auf das Hochhaus. Fällt das Hochhaus um, wenn du eine Etage daraufsetzt, dann scheidest du leider aus. Gewonnen hat, wer zuerst alle seine Streichholzschachtel-Stockwerke verbaut hat.

BAUKLOTZSTADT

DU BRAUCHST:

- alte Bauklötze oder Holzklötze
- Farben
- Acrylstifte
- Schmirgelpapier

UND LOS:

1. Falls deine alten Bauklötze lackiert sind, dann schleifst du sie erst einmal mit Schmirgelpapier ab. Angeraut nimmt das Holz die neue Farbe besser an.

2. Besonders schön wird deine Bauklotzstadt, wenn du mit drei oder vier verschiedenen Farben arbeitest. Also: Zeitungspapier ausbreiten und Bauklötze darauf legen! Zuerst malst du bei allen Holzklötzen die Seite an, die oben liegt. Nach dem Trocknen drehst du alle Klötze um und die nächste Seite bekommt Farbe. Das machst du so lange, bis alle Seiten, die du farbig haben möchtest, bemalt sind.

3. Mit schwarzen und roten Acrylstiften geht es jetzt weiter. Male damit Türen und Fenster auf oder auch witzige Gesichter. Lass alles trocknen und schon hast du eine tolle Bauklotzstadt zum Spielen!

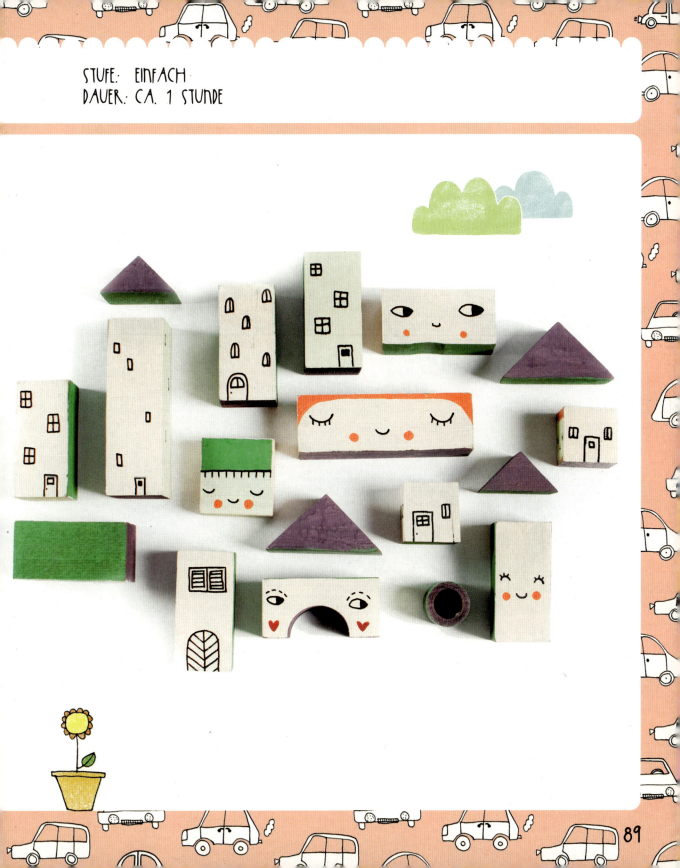

AUTOGARAGE TO GO

STUFE: FORTGESCHRITTEN
DAUER: CA. 3 STUNDEN

DU BRAUCHST:

- zwei Stoffstücke, je ca. 48 x 22 cm
- Filz- und Stoffreste
- Klettband für die Schranke, wenn du magst
- Band, ca. 50 cm lang
- Schere
- Vorlagen auf Seite 120/121

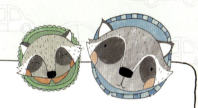

UND LOS:

1. Nimm eins der großen Stoffstücke und nähe den Stoffstreifen für die Straße darauf. Denk daran, dass hinter der Straße noch etwas Platz bleiben muss – hier kommt später die Garage hin (Zeichnung 1 auf Seite 92).

2. Aus Filz- und Stoffresten schneidest du nun nach Belieben ein Haus, einen Baum oder Wolken aus und nähst oder klebst diese neben die Straße.

3. Für die Schranke nähst du eine Seite des Klettbandes neben die Straße und die andere Seite an das Filzstück für den Schrankenfuß. Bitte beachte, dass der Stoff am einen Ende für die Garage noch einmal umgeschlagen wird! Hier darfst du nichts hinnähen!

4. Als Nächstes legst du die beiden großen Stoffstücke aufeinander. Dabei müssen sich die beiden schönen Seiten, die später außen sein sollen, innen befinden. Nähe einmal um das Ganze drumherum. Aber achte darauf, dass auf der Seite, wo die Straße endet, eine Öffnung bleiben muss (Zeichnung 1 auf Seite 92).

5. Jetzt kannst du den Stoff wenden.

Weiter geht es auf Seite 93!

AUTOGARAGE TO GO

Faltkante

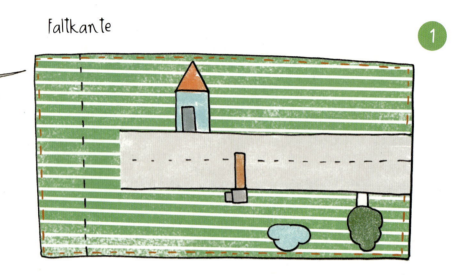

1

beide Stoffe mit der schönen Seite aufeinander

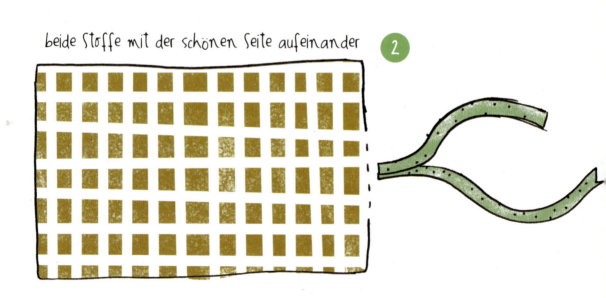

2

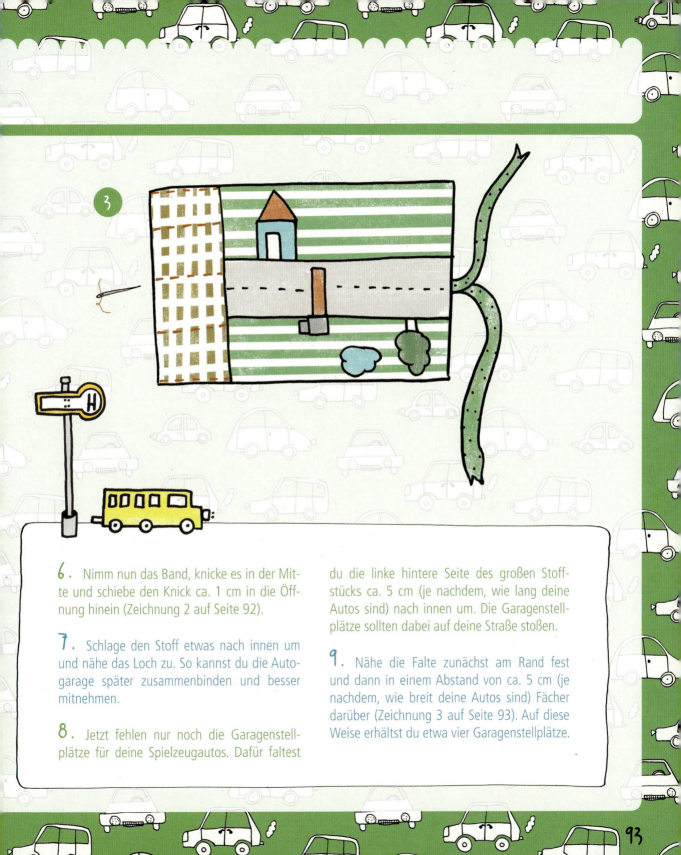

6. Nimm nun das Band, knicke es in der Mitte und schiebe den Knick ca. 1 cm in die Öffnung hinein (Zeichnung 2 auf Seite 92).

7. Schlage den Stoff etwas nach innen um und nähe das Loch zu. So kannst du die Autogarage später zusammenbinden und besser mitnehmen.

8. Jetzt fehlen nur noch die Garagenstellplätze für deine Spielzeugautos. Dafür faltest du die linke hintere Seite des großen Stoffstücks ca. 5 cm (je nachdem, wie lang deine Autos sind) nach innen um. Die Garagenstellplätze sollten dabei auf deine Straße stoßen.

9. Nähe die Falte zunächst am Rand fest und dann in einem Abstand von ca. 5 cm (je nachdem, wie breit deine Autos sind) Fächer darüber (Zeichnung 3 auf Seite 93). Auf diese Weise erhältst du etwa vier Garagenstellplätze.

MEINE STADT MUSS ...

Was hältst du davon, ein Straßenfest mit Nachbarn und Freunden zu veranstalten? Wenn alle anpacken, gemeinsam Tische nach draußen tragen und jeder etwas mitbringt, könnt ihr bestimmt ganz toll zusammen feiern! Mithilfe dieses Kapitels kannst du wunderschöne Dekorationen und etwas für das Büffet zaubern. Außerdem erhältst du Tipps, wie du einige Basteleien aus dem bisherigen Buch für das Straßenfest verwenden kannst. Und schon kann losgefeiert werden!

EINLADUNGEN

STUFE: MITTELSCHWER
DAUER: CA. 2 STUNDEN

DU BRAUCHST:

- große Streichholzschachteln
- hellen Tonkarton
- Tonkartonreste in Rot und Braun
- Pappe für die Räder
- Cutter oder spitze Schere
- Acrylstifte
- Schere
- Farbe
- Kleber

UND LOS:

1. Für das Einladungshaus bemalst du eine große Streichholzschachtel außen mit einer deckenden Farbe, zum Beispiel mit Blau.

2. Danach schneidest du mit dem Cutter Fenster und Tür hinein.

3. Die Tür- und Fensterrahmen malst du mit einem Acrylstift auf.

4. Schneide nun den Vorhang und den Hintergrund für die Tür aus hellem Tonkarton aus. Damit du beides innen gut festkleben kannst, sollten die Kartonstücke etwas größer als Tür und Fenster sein. Bevor du die Tonkartonstücke anklebst, beschriftest du sie noch mit dem Einladungstext.

5. Schließlich schneidest du noch Dach und Schornstein aus dem Tonkarton aus und steckst sie in die Streichholzschachtel. Mit ein wenig Kleber kannst du sie leicht befestigen.

6. Bei der Bus-Einladung wird ebenfalls zuerst die Streichholzschachtel bemalt.

7. Dann schneidest du die Fenster hinein.

8. Beschrifte den Innenteil der Streichholzschachtel innerhalb der Fensteröffnungen mit deinem Einladungstext.

9. Jetzt schneidest du aus dem hellen Tonkarton einen Streifen, der gut hinter die drei Fenster passt. Er sollte seitlich etwas herausragen, damit er sich später gut herausziehen lässt. So kannst du den Einladungstext ganz toll verstecken!

GETRÄNKEBECHER MIT HÜTCHEN

STUFE: EINFACH
DAUER: CA. 1 STUNDE

Du kannst natürlich auch Pappbecher verwenden.

DU BRAUCHST:

- Porzellanbecher
- bunten Tonkarton
- Porzellanstift (es gibt im Bastelladen sogar spezielle für Kinder)
- Strohhalme
- Schere
- Kleber
- Stifte
- Klebeband
- Vorlagen auf Seite 120

UND LOS:

1. Reinige den Porzellanbecher gründlich mit Wasser und Spülmittel.

2. Nach dem Trocknen kannst du mit dem Porzellanstift lustige Gesichter aufmalen. Die Farbe muss nun mindestens vier Stunden trocknen.

3. Anschließend kommt der Becher für 20 Minuten bei 160 Grad in den nicht vorgeheizten Backofen. Schau zur Sicherheit auch noch mal auf deinem Porzellanstift nach, die Angaben können von Stift zu Stift leicht abweichen.

4. Ist die angegebene Zeit um, schalte den Ofen aus und lass den Becher darin abkühlen.

5. Jetzt sind die Hüte dran: Suche dir eine Tonkartonfarbe aus und übertrage die Vorlage darauf.

6. Schneide das Hütchen aus und schneide, wie auf der Abbildung, einen Schnitt hinein. Vergiss auch das Loch für den Strohhalm nicht! Ziehe die Kartonscheibe nun so zusammen, dass ein Dach entsteht, und klebe die überlappenden Seiten aneinander fest. Dabei muss das Loch in der Mitte so groß sein, dass ein Strohhalm hineinpasst!

7. Als Nächstes schneidest du die Tierohren den Vorlagen entsprechend zu und klebst sie an dem Hütchen fest. Der Katzenschwanz wird mit Klebeband am Becher befestigt, damit du ihn vor dem Spülen abnehmen kannst.

8. Hütchen auf den Becher setzen, fertig!

Klebelinie →

99

TISCHDEKORATION

DU BRAUCHST:

- große, eckige Pappteller
- roten Tonkarton
- Stifte in Schwarz und Rot
- Bleistift
- Schere
- Kleber

Mit deinem Namen darauf ist das auch ein tolles Türschild! Schnur durchs Dach, fertig!

UND LOS:

1. Schneide den Tonkarton so zu, dass er so breit ist wie deine Pappteller.

2. Zeichne mit Bleistift ein Dach darauf und schneide es aus.

3. Wenn du magst, kannst du das Dach nun noch mit Ziegeln bemalen.

4. Dort, wo das Dach auf dem Pappteller sitzen soll, machst du rechts und links am Rand ein paar Klebepunkte und drückst dann den roten Tonkarton darauf.

5. Sobald der Kleber getrocknet ist, kannst du dein Haus noch nach Herzenslust bemalen. Wie wäre es zum Beispiel mit einem Balkon? Und wenn du noch den Namen deines Gastes daraufschreibst, erhältst du eine richtige Tischkarte.

STUFE: EINFACH
DAUER: CA. 0,5 STUNDEN

GASTGESCHENK-ÜBERRASCHUNGSHAUS

STUFE: EINFACH
DAUER: CA. 1 STUNDE

UND LOS:

1. Bastle die Häuschen wie beim Dächer-Spiel auf Seite 72/73 angegeben.

2. Schneide aus dem Seidenpapier ein Rechteck von der Größe 10 x 10 cm zu und klebe es, wie in der Abbildung beschrieben, unten in die Haus-Öffnung.

3. Sobald der Kleber getrocknet ist, kannst du das Haus mit Leckereien befüllen und das Papier mit einer Schnur verschließen. Und schon hast du ein Überraschungshaus für deine Gäste!

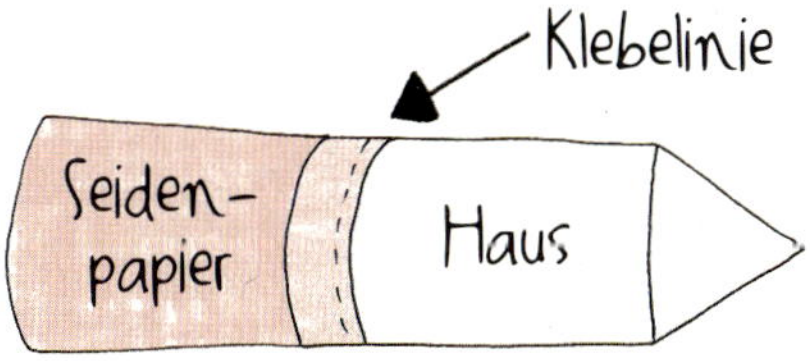

Klebelinie

Seidenpapier | Haus

DU BRAUCHST:

- Häuschen vom Dächer-Spiel auf Seite 72/73
- Leckereien
- Seidenpapier
- Schnur
- Schere
- Kleber

SPIEL

Bastle für alle Gäste ein Überraschungshaus. Verstecke in jedem Haus eine Kleinigkeit, zum Beispiel ein Bonbon oder eine Murmel. Nur in ein Haus gibst du nichts hinein. Nun verteilst du alle Häuser unter deinen Gästen. Wer das leere Haus erhält, darf das nächste Spiel aussuchen.

GÄNSEBLÜMCHENSALAT

Vom Gänseblümchen sind Blätter, Knospen und Blüten essbar.

STUFE: EINFACH
DAUER: CA. 1 STUNDE

Die Gänseblümchen bitte nicht am Straßenrand pflücken, sondern lieber auf einer Wiese, weit von der Schadstoffbelastung entfernt.

DU BRAUCHST:

- einen Kopfsalat
- zwei Handvoll Gänseblümchenblätter
- eine Handvoll Gänseblümchenknospen
- Gänseblümchenblüten zum Dekorieren
- 1 Bund Radieschen
- 3 EL Sonnenblumenöl
- Saft von ½ Zitrone
- 1 TL Honig
- Pfeffer
- Salz
- Schnittlauch

UND LOS:

1. Wasche die Gänseblümchenblätter sowie die Knospen und lass sie gut abtropfen.

2. Dann stellst du eine Salatsoße aus Öl, Zitronensaft, Honig, Salz und Pfeffer her. Darin sollen die Gänseblümchenknospen ca. 1 Stunde ziehen.

3. Als Nächstes wäschst du den Kopfsalat und lässt ihn gut abtropfen.

4. Wasche die Radieschen und schneide sie in dünne Scheiben.

5. Jetzt vermischst du Salat, Radieschen, Gänseblümchenblätter und -knospen mit der Salatsoße.

6. Bestreue den Salat noch mit Schnittlauch und dekoriere ihn mit Gänseblümchenblüten. Guten Appetit!

LASTERKUCHEN

DU BRAUCHST:

- 1 Becher Sauerrahm
- 1 Becher Mehl
- 1 Becher Zucker
- 1 Becher gemahlene Nüsse
- ½ Becher Sonnenblumenöl
- 1 Päckchen Backpulver
- 1 Päckchen Vanillezucker
- 3 Eier
- 200 g Puderzucker
- Saft von ½ Zitrone
- 4 runde Kekse für die Räder
- 50 g Kuvertüre
- Marzipan für die Fenster
- 3 Schokolinsen
- Backpinsel
- Kastenform
- etwas Butter zum Einfetten

UND LOS:

1. Vermische Sauerrahm, Mehl, Zucker, Nüsse, Öl, Backpulver, Vanillezucker und Eier in einer Rührschüssel.

2. Fülle den Teig in die eingefettete Kuchenform und backe ihn bei 180 Grad (Ober-/Unterhitze) ca. 40 Minuten im vorgeheizten Backofen. Sollte der Kuchen oben zu braun werden, decke ihn mit Alufolie ab.

3. Jetzt muss der Kuchen in der Form etwas abkühlen, ehe du die Kastenform stürzen und den Kuchen herausholen kannst.

4. Als Nächstes gibst du tröpfchenweise Zitronensaft in den gesiebten Puderzucker. Achte darauf, dass der Zuckerguss nicht zu dünnflüssig wird!

5. Schneide ca. 6 cm vom Ende des Kuchens ab und setze das Stück als Führerhaus vorn auf den Kuchen drauf. Mit etwas Zuckerguss hält der Aufsatz super.

6. Im nächsten Schritt bestreichst du die Kuchenseiten mit Zuckerguss. Dabei bringst du die vier Räder unten am Laster an.

7. Nun ist die Schokoglasur an der Reihe: Dafür schmilzt du die Kuvertüre im Wasserbad.

8. Bestreiche die Vorderseite des Lasters sowie die Fensterstellen mit der flüssigen Schokolade.

9. Zu guter Letzt setzt du Marzipanscheiben als Fenster auf das Führerhaus und befestigst die Schokolinsen mithilfe von Zuckerguss.

STUFE: MITTELSCHWER
DAUER: CA. 2,5 STUNDEN

STAU-GIRLANDE

Die Staugirlande von Seite 24/25 ist, egal ob an Zweigen oder an der Hauswand befestigt, auch eine prima Straßenfest-Girlande!

TEELICHTHÄUSER

Befestige in deinen Teelichthäusern von Seite 36/37 oben im Dach einen Draht oder eine Schnur und schwups hast du wunderbare Lampions!

STECKTIERE

Ganz besondere Tierstrohhalme entstehen, wenn du bei der Stecktier-Anleitung auf Seite 54/55 statt Ästchen einfach Strohhalme verwendest!

HUNDE-GIRLANDE

Als Tischdeko eignet sich auch ganz toll die niedliche Hunde-Girlande von Seite 42/43!

STRASSEN-DRUCKEREI

Mithilfe deiner selbst gebastelten Druckrolle von Seite 30/31 kannst du eine langweile Papiertischdecke in eine Straßen-Tischdecke verwandeln! Den Moosgummi einfach mit Farbe bestreichen und über das Papier rollen! Bunte Blumen und Bäume kannst du mit dem Pinsel hinzufügen.

109

Vorlagen sind etwas Feines und erleichtern das Arbeiten enorm! Am besten paust du sie auf Butterbrotpapier, schneidest sie dann aus, legst das Ganze auf ein Stück Pappe und umfährst den Rand mit einem Stift. Natürlich kannst du die Vorlagen auch mit Kohlepapier direkt auf die Pappe übertragen. Die so erhaltenen Schablonen kannst du prima aufheben und immer wieder verwenden. Du findest in diesem Kapitel auch ein paar Malvorlagen, zum Beispiel für Tiergesichter. Sie lassen sich am leichtesten mit Kohlepapier auf das Bastelmaterial übertragen. Du kannst dich aber auch einfach nur an ihnen orientieren und sie abmalen. Oder du gestaltest alles ganz anders, so wie es dir am besten gefällt. Bei den Vorlagen für die Stoffstücke ist der Platz für die Naht oder Klebefläche von ca. 0,5 cm übrigens noch nicht mit eingerechnet.

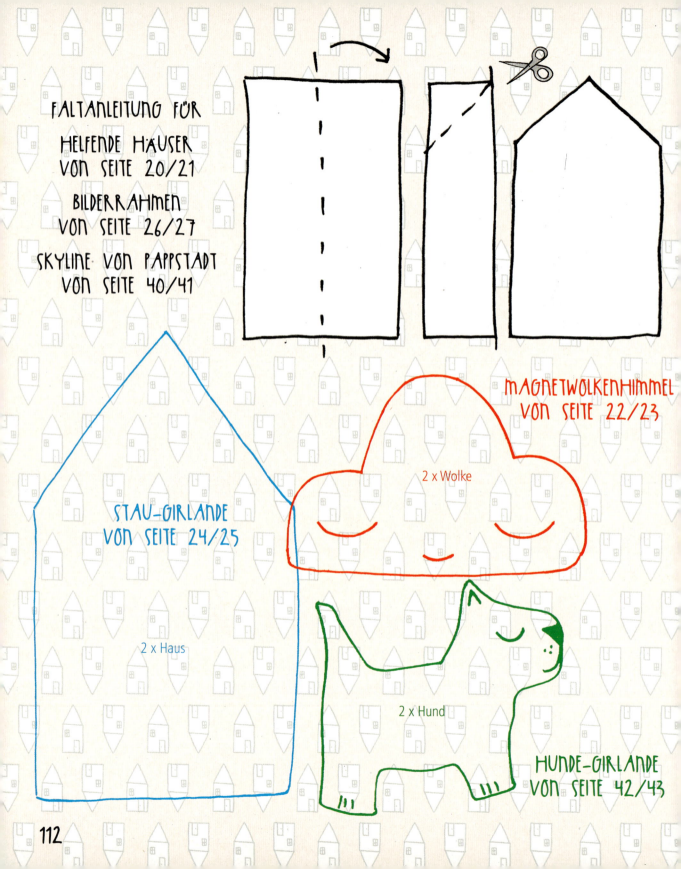

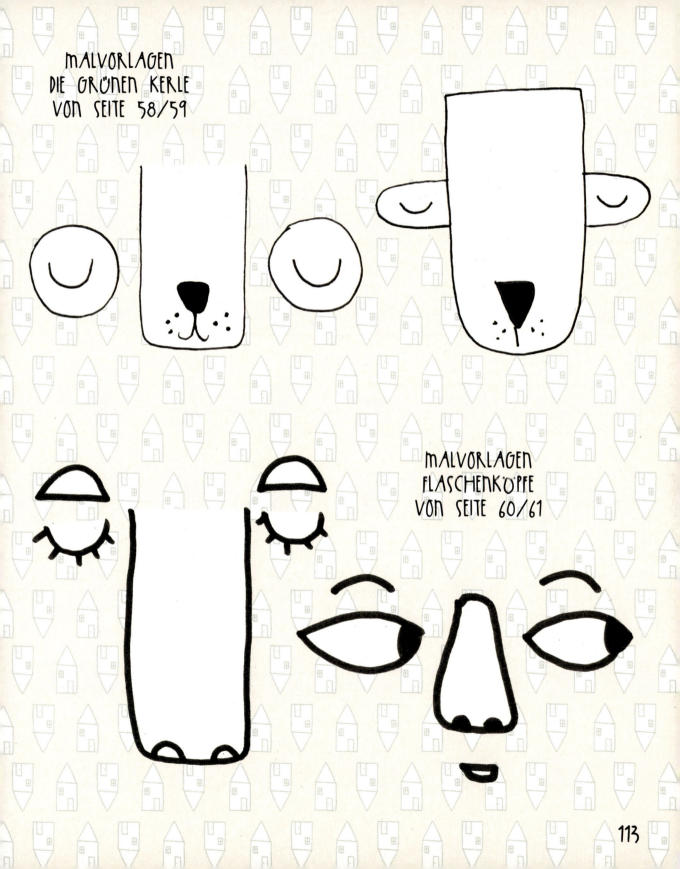

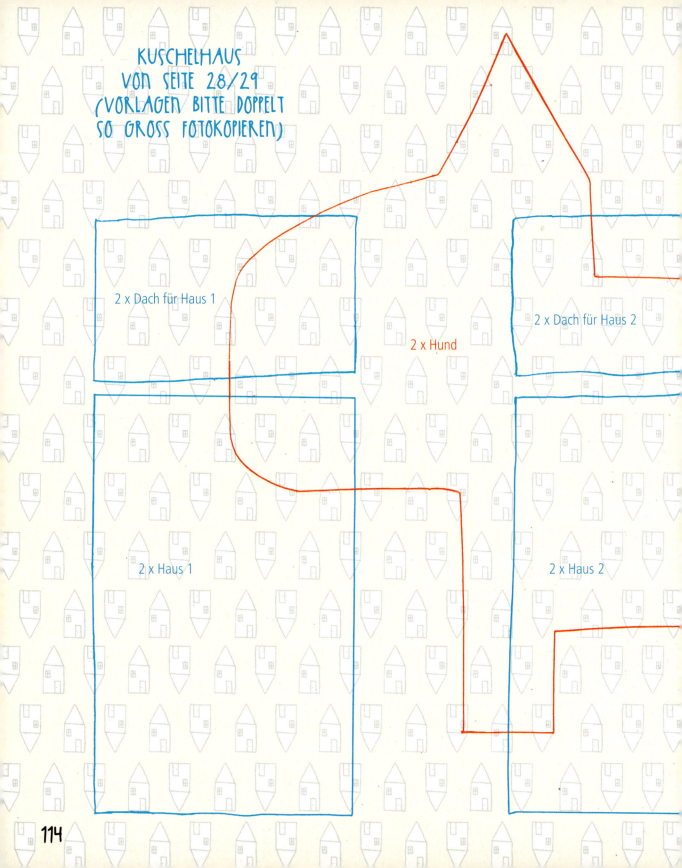

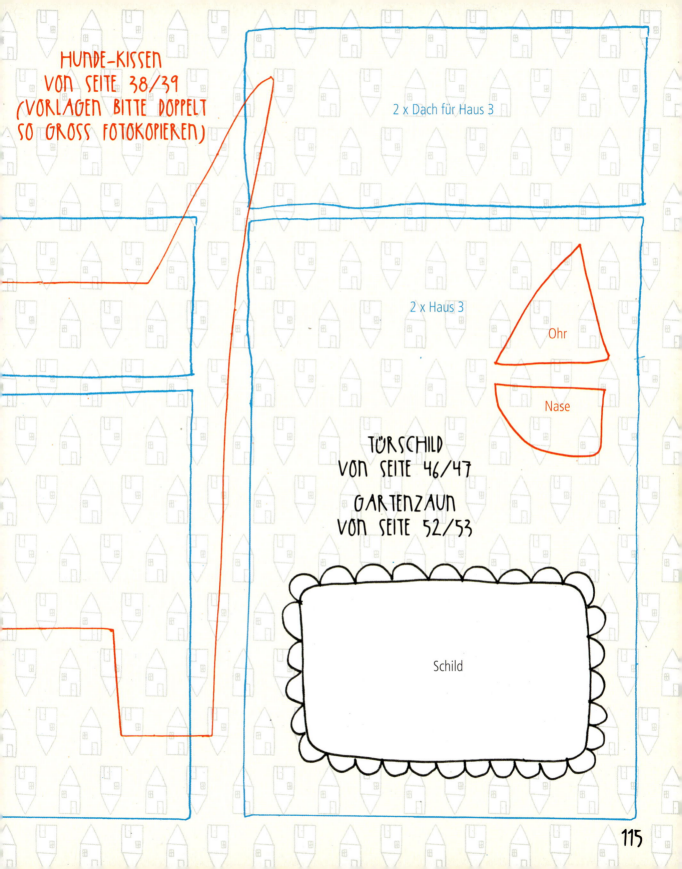

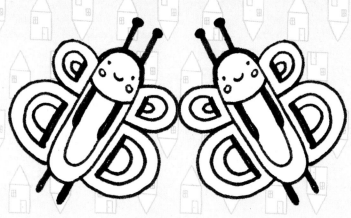

STECKTIERE
VON SEITE 54/55

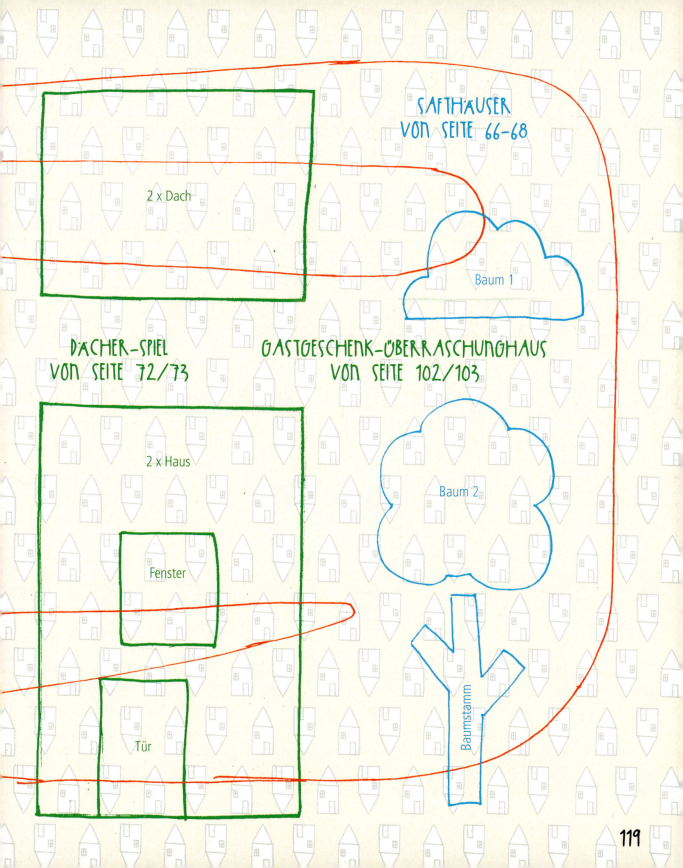

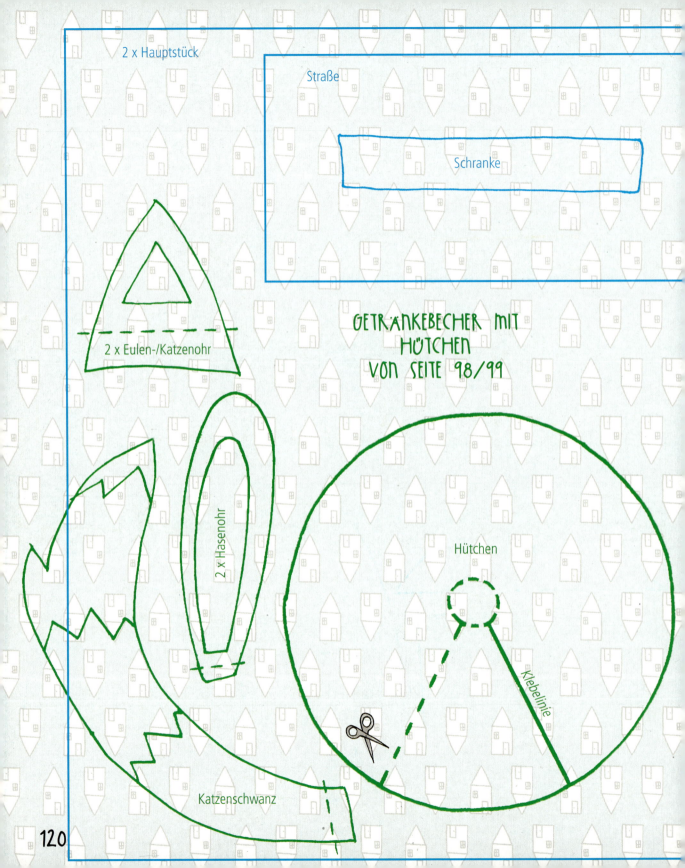

WER WOHNT WO?
VON SEITE 74/75

ICH HABE DIE LÄNGSTE STRASSE VON SEITE 70/71

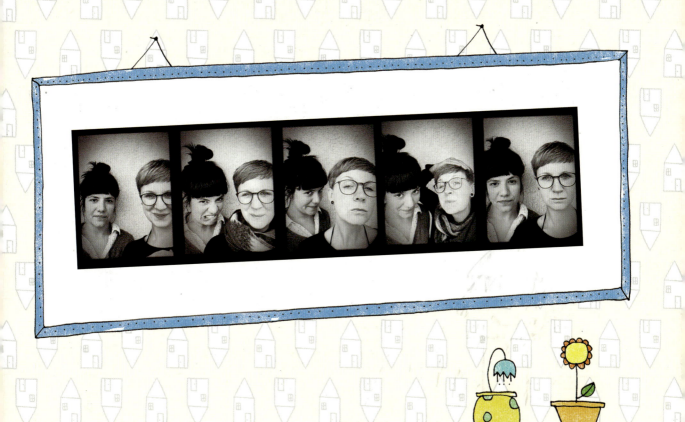

HALLO!

Schön, dass du da bist! Wir sind Jule und Manou. Zusammen bilden wir das Kreativduo Herr Pfeffer. Gemeinsam lassen wir uns die lustigsten Sachen einfallen und gemeinsam haben wir auch dieses Buch gemacht. Natürlich basteln wir nicht nur den lieben langen Tag, sondern widmen uns auch anderen schönen Dingen. Einen Eindruck davon bekommst du auf unserer Homepage www.herrpfeffer.de. Dort und unter www.dawanda.com/shop/HerrPfeffer findest du auch unseren Onlineshop, der randgefüllt ist mit tollen handgemachten und bemalten Sachen. Vielleicht magst du ja mal vorbeischauen? Du kannst uns natürlich auch gern persönlich kennenlernen. Wir leben und arbeiten in Würzburg und haben hier sogar einen kleinen Laden. Direkt dahinter befindet sich unser Büro mit Werkstatt und allem Pipapo. Besuch uns doch mal und sieh dir an, was wir so machen! Unsere beiden Hunde freuen sich bestimmt auch!